beck sche reihe

W0184267

bsr

Auch nach über 100 Jahren Frauenbewegung in Deutschland ist das Wissen über Leben und Leistungen von Frauen in Geschichte und Gegenwart erstaunlich gering. Frauen haben gleichermaßen zur Geschichte und Kultur beigetragen wie die Männer, aber die überwiegend von Männern bestimmte Geschichtsschreibung hat den weiblichen Beitrag oft trivialisiert oder an den Rand gedrängt. Dieses Buch will dazu beitragen, einen «anderen Blick» auf Frauen und ihr Leben zu wagen. Anhand der wichtigsten Lebensstationen von so unterschiedlichen wie faszinierenden Frauen wie etwa der ägyptischen Herrscherin Hatschepsut, der Philosophin Hildegard von Bingen, der Künstlerin Käthe Kollwitz, der Physikerin Marie Curie oder auch Filmikonen wie Marlene Dietrich gewinnt der Leser einen Einblick in die Welt der Frauen, die sich oft gegen erhebliche Widerstände Geltung verschafften.

Anna Eunike Röhrig ist als Übersetzerin, Autorin und Bibliothekarin an der Dombibliothek Hildesheim tätig. Zuletzt erschien von ihr: *Frauen vom Hof der Welfen* (2006).

Anna Eunike Röhrig

Klug, schön und gefährlich

Die 100 berühmtesten Frauen der Weltgeschichte

Verlag C. H. Beck

Für Luise F. Pusch

Originalausgabe

© Verlag C. H. Beck oHG, München 2007
Gesamtherstellung: Druckerei C. H. Beck, Nördlingen
Umschlagentwurf: + malsy, Willich
Printed in Germany
ISBN 978 3 406 54792 8

www.beck.de

Vorwort

Was bedeutet «weltberühmt»? Welche Leistungen waren notwendig, um eine Frau auf die Liste der hundert berühmtesten Damen der Welt zu bringen?

Nun, weltberühmt zu sein, heißt wohl, dass durchschnittlich gebildete Menschen auf allen fünf Kontinenten zumindest schon einmal den Namen der Betreffenden gehört haben. Was die Lebensleistung betrifft, können die Antworten hierauf nur sehr unterschiedlich ausfallen. Eine Sonja Kowalewskaja, geniale russische Mathematikerin, hätte es wohl verdient, dass man sie kennt – und ist doch nur Spezialisten ein Begriff. Jacqueline Kennedy Onassis oder Prinzessin Diana hingegen, die hauptsächlich als Stilikonen Berühmtheit erlangten, gehören mit zu den bekanntesten Frauenpersönlichkeiten.

Als ich im Auftrag des C. H. Beck Verlags mit den Recherchen zu diesem Buch begann, wurde mir rasch klar, dass ich Frauen aus allen geschichtlichen Epochen berücksichtigen musste, damit nicht ein Verzeichnis der *derzeit* weltberühmten Frauen entstünde (das dann etliche amerikanische Schauspielerinnen am Beginn ihrer Karriere, junge Hotelerbinnen und gerade angesagte Musikstars enthalten hätte). Denn ein Kriterium für Berühmtheit in unseren Tagen ist sicherlich fortdauernde Medienpräsenz. Kritische Stimmen, die Frauen jegliches Schöpferische absprechen wollten, fragten früher: «Wo ist denn der weibliche Leonardo, Rembrandt, Mozart?» Dabei wurde außer Acht gelassen, dass der breiten Masse der Frauen höhere Bildung verwehrt blieb, sie zum Kunststudium nicht zugelassen wurden, weil das Aktzeichnen als moralische Gefährdung betrachtet wurde und kaum jemand Musik aufgeführt hätte, die von einer Frau stammte (mit Ausnahme komponierender Fürstinnen). Ganz allmählich nur konnten sich die Frauen Gehör verschaffen, wobei sie sich zunächst als Schriftstellerinnen betätigten, vereinzelt auch als Malerinnen und Bildhauerinnen. Sängerinnen und Schauspielerinnen – auch ihre Rollen waren zunächst von Männern übernommen worden – hing noch lange das Vorurteil an, sich in einer Halbwelt zu bewegen. Auf politischem Gebiet wird deutlich, dass die männliche Hälfte der Weltbevölkerung meist nicht freiwillig ihre Macht teilen wollte, die sie in Händen hielt (und teilweise noch hält). In England dauerte es bis 1928, ehe die Frauen das aktive wie passive Wahlrecht regelrecht errangen. In Argentinien musste erst eine Eva Perón auftauchen, die ihren Mann dazu drängte, das Frauenwahlrecht einzuführen – in den 1940er Jahren! So ist die Geschichte der Frauen recht häufig ein «Trotzdem», sind ihre Leistungen widrigen Umständen und hinderlichen Traditionen abgetrotzt. Natürlich gab es auch Frauen, die durch Verbrechen und Skandale weltberühmt wurden. So stehen in diesem Buch viele Schicksale bunt nebeneinander, folgt (alphabetisch) das Sexsymbol Marilyn Monroe einer genialen Malerin wie Paula Modersohn-Becker und die wohltätige Mutter Teresa einer skandalumwitterten Tänzerin wie Lola Montez.

Sicher wird man den ein oder anderen Namen vermissen – ich habe in wenigen Zweifelsfällen deutsche Kandidatinnen vorgezogen, z. B. bei den berühmten Tennisspielerinnen Steffi Graf statt Martina Navratilova gewählt. Doch insgesamt gesehen können Sie sich, liebe Leser(innen), auf ein hochinteressantes und ganz unterschiedliches Kaleidoskop weiblicher Lebenswege und Leistungen freuen, die leider in offiziellen Geschichtsdarstellungen noch zu wenig gewürdigt werden.

Anna Eunike Röhrig

Inhalt

A
Anastasia Nikolajewna 11
Arendt, Hannah 12
Austen, Jane 13

B
Baker, Josephine 14
Beauvoir, Simone de 15
Boleyn, Anne 16
Bora, Katharina v. 17
Borgia, Lucrezia 18
Brontë, Anne 19
Brontë, Charlotte 20
Brontë, Emily 21

C
Calamity Jane 22
Callas, Maria 23
Chanel, Coco 24
Châtelet, Emilie du 25
Christie, Agatha 26
Christina von Schweden 27
Claudel, Camille 28
Curie, Marie 29

D
Diana, Prinzessin von Wales 30
Dietrich, Marlene 31
Droste-Hülshoff, Annette von 32
Du Barry, Marie-Jeanne Béca, Comtesse 33
Duncan, Isadora 34
Duse, Eleonora 35

E
Elisabeth von Thüringen 36
Elisabeth, Kaiserin von Österreich 37
Elisabeth I. von England 38
Elisabeth II. von Großbritannien 39
Eugenie, Kaiserin der Franzosen 40

F
Fitzgerald, Ella 41
Fossey, Dian 42
Freud, Anna 43

G
Gandhi, Indira 44
Garbo, Greta 45
Graf, Steffi 46

H
Hatschepsut 47
Helena hl. Kaiserin 48
Hepburn, Audrey 49
Hildegard v. Bingen 50

I
Isabella I. von Kastilien 51

J
Jeanne d'Arc 52
Joplin, Janis 53
Josephine, Kaiserin von Frankreich 54

K
Kahlo, Frida 55
Katharina II. die Große 56
Katharina von Medici 57
Kauffmann, Angelika 58
Kelly, Grace, später Fürstin Grace von Monaco 59
Kennedy Onassis, Jackie 60
Klara von Assisi 61
Kleopatra 62
Kollwitz, Käthe 63
Kruse, Käthe 64
Kübler-Ross, Elisabeth 65

L
Lagerlöf, Selma 66
Liselotte von der Pfalz 67
Lind, Jenny 68
Lindgren, Astrid 69
Luise, Königin von Preußen 70
Luxemburg, Rosa 71

M
Madonna 72
Maria Stuart 73
Maria Theresia 74
Marie Antoinette 75
Mata Hari 76
Meir, Golda 77
Meitner, Lise 78
Merian, Maria Sibylla 79
Modersohn-Becker, Paula 80
Monroe, Marilyn 81
Montez, Lola 82
Mutter Teresa 83

N
Nielsen, Asta 84
Nightingale, Florence 85
Nofretete 86

O
Ono, Yoko 87

P
Pankhurst, Emmeline 88
Pawlowa, Anna Matwejewna 89
Perón, Evita 90
Piaf, Edith 91
Pocahontas 92
Pompadour, Jeanne Antoinette Poisson, Marquise de 93

R
Rubinstein, Helena 94

S
Saint Phalle, Niki de 95
Sand, George 96
Sappho 97
Soubirous, Bernadette 98
Staël, Germaine de 99

T
Teresa von Avila 100
Thatcher, Margaret 101
Theodora, Kaiserin von Byzanz 102
Theophanu, deutsche Kaiserin 103

Therese von Lisieux 104
Tse-Hi, Kaiserin von China 105
Tussaud, Marie 106

U
Undset, Sigrid 107

V
Victoria von Großbritannien 108

W
Weil, Simone 109
Woolf, Virginia 110

Anastasia Nikolajewna

Geb. 18. 6. 1901 in Peterhof
Gest. 17. 7. 1918 in Jekaterinburg

Franziska Schanzkowska

Geb. 16. 12. 1896 in Borowihlas
Gest. 12. 2. 1984 in Charlottesville

Eine Genanalyse brachte es an den Tag: Die Frau, die sich Anna Anderson nannte und mehrere Jahrzehnte lang behauptete, in Wirklichkeit Großfürstin Anastasia von Russland zu sein, war tatsächlich eine Polin namens Franziska Schanzkowska. Sie war eines von sechs Kindern aus der zweiten Ehe ihres Vaters Anton mit Marianna Wiscek. Die Bauerntochter Franziska beschloss früh, «etwas Besseres» zu werden, las viel über Historie und interessierte sich für die Schauspielerei. 1914 ging sie nach Berlin, wo sie in der Munitionsabteilung der AEG arbeitete. Von nun an verfolgte sie das Unglück: Ihr Verlobter fiel 1916 im 1. Weltkrieg, ein Kollege kam bei einem von ihr verschuldeten Arbeitsunfall ums Leben, und sie selbst trug dabei schwere Verletzungen davon. Im Februar 1920 verschwand Franziska spurlos. Am 17. 2. 1920 rettete man eine junge Selbstmörderin aus dem Berliner Landwehrkanal, die sich auszuweisen weigerte. In der Nervenklinik «erkannte» eine Mitpatientin in ihr Großfürstin Anastasia von Russland, die offenbar das Massaker an ihrer Familie überlebt haben musste. Franziska Schanzkowska bekam so eine neue Identität, die sie über Gerichtsprozesse anerkennen lassen wollte, damit aber scheiterte. Die exzentrische Dame mit dem «vorläufigen» Namen Anna Anderson heiratete 1968 den reichen Amerikaner John Manahan und führte mit ihm ein immer verwahrlosteres Leben. Die echte Anastasia war die vierte und jüngste Tochter des letzten Zaren Nikolaus II. und seiner Frau Alexandra. Im Keller eines Hauses in Jekaterinburg wurde die 17-Jährige gemeinsam mit ihrer Familie und drei Bediensteten durch Schüsse und unzählige Bajonettstiche umgebracht. Nachdem 1991 die Gebeine der Zarenfamilie geborgen worden waren, bewies ein Test: Die DNA Anna Andersons stimmte nicht mit der des Zarenpaars überein, wohl aber mit der eines Verwandten der Familie Schanzkowski.

Hannah Arendt

Geb. 14. 10. 1906 in Hannover
Gest. 4. 12. 1975 in New York

Als Tochter einer gut situierten jüdischen Familie wuchs Hannah in Königsberg auf und studierte nach dem Abitur Philosophie bei den Größen ihrer Zeit: Heidegger, Husserl und Jaspers. Aus der unglücklichen Beziehung zu Heidegger befreite sie sich durch die Eheschließung mit dem Schriftsteller Günther Stern, mit dem sie nach Berlin ging. Nach Hitlers Machtübernahme emigrierten die Sterns nach Paris, wo ihre Ehe bald zerbrach. Arendt lernte ihren zweiten Mann kennen, den Journalisten Heinrich Blücher, der als KPD-Mitglied ebenfalls aus Deutschland geflohen war. Nach dem Krieg schrieb sie ihr berühmtes dreibändiges Werk «Elemente und Ursprünge totaler Herrschaft», eine Analyse des Nationalsozialismus und Stalinismus. Nach Frankreichs Besetzung durch die Deutschen kam Arendt in das Internierungslager Gurs, konnte aber von dort fliehen und reiste mit Ehemann und Mutter 1941 über Portugal nach New York. Zunächst war es schwer für sie, in den USA eine Existenz aufzubauen. Arendt schlug sich als Journalistin durch und wurde schließlich Lektorin eines bekannten Verlages. Als Professorin und Gastdozentin lehrte sie politische Philosophie an Universitäten wie Harvard, Princeton und Berkeley und erhielt zahlreiche Preise. 1961 berichtete sie über den Prozess gegen den NS-Verbrecher Eichmann aus Jerusalem und erntete mit ihrer These von der «Banalität des Bösen» starke Kritik. Hannah Arendt, die sich ihrer jüdischen Identität stets bewusst war, blieb lebenslang ein streitbarer Mensch, der sich in Politik und Tagesgeschehen einmischte und mutig seine Meinung sagte.

Jane Austen

Geb. 16. 12. 1775 in Steventon, Hampshire
Gest. 18. 7. 1817 in Winchester

Als siebtes von acht Kindern eines Geistlichen wuchs Jane Austen behütet im ländlichen England auf. Während ihre Brüder Ausbildungen erhielten, sollten sie und ihre Schwester heiraten und Hausfrauen werden – was beide nicht taten. So musste Jane nach dem Tod des Vaters 1805 den Haushalt der Familie führen. Später zog sie mit Mutter und Schwester nach Southampton, 1809 nach Chawton. Mit nur 41 Jahren starb sie an der Addison'schen Krankheit, einem Versagen der Nebennieren, und wurde in der Kathedrale von Winchester beigesetzt. So äußerlich ereignislos ihr Leben war, so reich sind die von ihr veröffentlichten bzw. hinterlassenen Romane. Darin offenbart sich Jane Austen als brillante Satirikerin, die das Gebaren des Landadels und des diesen imitierenden Großbürgertums mit spitzer Feder aufspießt. Gleichzeitig jedoch ist die psychologische Zeichnung der Figuren so zeitlos, dass Austens Bücher auch heute noch gern gelesen werden. Titel wie «Stolz und Vorurteil», «Emma», «Verstand und Gefühl» und «Die Abtei von Northanger» gehören nicht nur zum Besten der englischen Literatur, sondern wurden auch als Filme und Fernsehserien weltweit erfolgreich. Dabei musste sich die Autorin die Zeit zum Schreiben regelrecht erkämpfen. Ursprünglich wollte sie mit ihrem Talent nur die Familie unterhalten, die ersten Werke finanzierte sie noch selbst mit. Später jedoch ließ sich mit den Romanen auch ein bescheidener Gewinn erzielen. Ihre Angehörigen scheinen ihre überragende Bedeutung zunächst nicht erkannt zu haben: Auf ihrem Grabstein wird mit keinem Wort erwähnt, dass Jane Austen Schriftstellerin war.

Josephine Baker

Geb. 3. 6. 1906 in Saint-Louis, Missouri
Gest. 12. 4. 1975 in Paris

Das uneheliche Kind der Wäscherin Carrie McDonald und des jüdischen Straßenmusikers Eddie Carson bekam den Rassenkonflikt schon mit in die Wiege gelegt. Der Vater verschwand 1907, 1911 heiratete die Mutter erneut. 1917 wurde das Kind Zeuge eines Rassenpogroms in Saint Louis mit grausigen, ihm unvergesslichen Szenen. Lebenslang setzte sich Josephine daraufhin für Frieden und Gleichheit unter den Menschen ein. Bereits mit 13 Jahren wurde sie an den viel älteren Willie Wells verheiratet, den sie nach einigen Wochen verließ. Mit 15 ehelichte sie Will Baker, Gepäckträger bei der Eisenbahn. Sie trennte sich 1925 von ihm, behielt aber seinen Familiennamen. Baker debütierte als Tänzerin in Philadelphia (1922) und arbeitete danach in New York in Revuen und Vaudeville-Truppen. Mit La Revue Nègre trat sie ab 1925 in Paris auf. Dort wurde Baker zur Sensation. In den Revuen der Folies Bergère war sie 1926/27 mit ihrem berühmten Bananenröckchen zu sehen. Ihr neuer Ehemann Giuseppe «Pepito» Abatino wurde Josephines Manager und ließ mehrere erfolgreiche Filme mit ihr drehen. Wegen ihrer «unmoralischen» Kostüme und Tänze erhielt Baker mehrfach Auftrittsverbot – und damit willkommene Publicity. Auch als Sängerin machte sie Karriere. 1936 versuchte sie den Durchbruch im Heimatland USA, wurde aber abgelehnt und mit unglaublichem Rassismus konfrontiert. Ein Jahr später nahm Baker die französische Staatsbürgerschaft an und heiratete den jüdischen Industriellen Jean Lion, der sie 1939 wieder verließ. Während des 2. Weltkrieges arbeitete sie für den französischen Geheimdienst und die Résistance. 1947 wurde Joseph Bouillon ihr Orchesterchef – und Ehemann. Nach mehreren Fehlgeburten adoptierte das Paar zwölf Kinder unterschiedlichster Hautfarbe und Herkunft, für deren Unterhalt Josephine unermüdlich weiter auftreten musste. Die Verbindung mit Bouillon scheiterte. Die 6. und letzte Ehe ging Baker mit dem US-Künstler Robert Brady in Acapulco ein (1973). 1975 feierte sie ihr 50-jähriges Bühnenjubiläum mit einer autobiografischen Show in Paris, kurz danach erlag sie einem Schlaganfall.

Simone de Beauvoir

Geb. 9. 1. 1908 in Paris
Gest. 14. 4. 1986 in Paris

Die französische Feministin wurde weltbekannt sowohl durch ihre philosophischen und gesellschaftspolitischen Essays als auch durch Romane. Mit Leben und Werk begehrte sie auf gegen die gutbürgerlichen Werte der Schicht, aus der sie stammte. Als Tochter eines Rechtsanwalts, der nach 1918 verarmte, wuchs Simone mit ihrer Schwester in einer Welt voller Standesdünkel auf. Sie studierte an der renommierten Ecole Normale Superieur Literatur und Mathematik, an der Sorbonne Philosophie. Dort traf sie 1929 Jean-Paul Sartre und ging mit ihm eine Lebensgemeinschaft ein. Das Paar lehnte die Ehe ab, blieb bewusst kinderlos und wohnte getrennt. Zudem führten sie eine offene Beziehung, was Beauvoir lange Zeit mehr ausmachte, als sie zuzugeben bereit war – bis sie auch die Liebe zu Frauen für sich entdeckte. Ab 1929 unterrichtete sie zehn Jahre lang als Gymnasiallehrerin in Marseille, Rouen und Paris. Mit den beiden Romanen «Sie kam und blieb» (1943) und «Das Blut der anderen» (1945) gelang ihr der Durchbruch als Schriftstellerin. «Das andere Geschlecht» (1949) wurde zum Grundlagenwerk der internationalen Frauenbewegung. Beauvoir, die sich von keiner Partei oder Ideologie vereinnahmen ließ, reiste sehr viel: zu Vorträgen, Kongressen, aber auch privat. Sie veröffentlichte darüber Reisebeschreibungen und Tagebücher. Die Autorin engagierte sich im Kampf gegen gesellschaftliche Missstände und gemeinsam mit Sartre gegen den Algerien- und den Vietnamkrieg. Ihre philosophischen Werke wie auch viele ihrer Erzählungen und Romane stehen Sartres Existentialismus nahe. Als ihr Partner erkrankte, pflegte sie ihn bis zu seinem Tod im Jahr 1980. Bereits zehn Jahre zuvor hatte sie eine schonungslose Bilanz über «Das Alter» publiziert; eine Summe des eigenen Lebens legte sie in einer vierbändigen Autobiografie vor.

Anne Boleyn

Geb. 1501 oder 1507 in Blickling Hall oder Hever Castle, England
Gest. 19. 5. 1536 in London (Tower)

Die zweite der sechs Ehefrauen Heinrichs VIII. von England ist wohl die bekannteste und bedeutendste unter diesen. Sie protegierte die Entwicklung des Protestantismus in England, spielte eine Rolle bei der Loslösung ihres Heimatlandes von der römisch-katholischen Kirche und ist nicht zuletzt die Mutter Elisabeths I.

Die Boleyns waren von Kaufleuten in den Adelsstand aufgestiegen. Anne und ihre Schwester Mary, Töchter des Earl of Wiltshire, wurden in Frankreich erzogen. Anne war in mancher Hinsicht ihrer Zeit voraus: Obwohl in keiner Weise dem herrschenden Schönheitsideal entsprechend, trat sie äußerst selbstbewusst auf; sie galt als kreativ, intelligent, hochgebildet und schlagfertig. Als sich König Heinrich VIII. um 1526 in sie verliebte, wies sie ihn ab. Ganz oder gar nicht, hieß ihre Devise, und es gelang ihr sieben Jahre lang, den König hinzuhalten. Währenddessen versuchte Heinrich VIII. vergeblich, seine Ehe mit Katharina von Aragon vom Papst auflösen zu lassen. Er brauchte zur Fortführung der Dynastie dringend einen Sohn, den er von seiner Gattin nicht mehr erwarten konnte. Als der Papst, hauptsächlich aus politischen Gründen, das Ansinnen ablehnte, erklärte sich Heinrich zum Oberhaupt der englischen (später: Anglikanischen) Kirche und seine erste Ehe für ungültig. In aller Stille heiratete er Anne Anfang 1533 und ließ sie als Hochschwangere prunkvoll krönen. Zur großen Enttäuschung Heinrichs war das am 7. 9. 1533 geborene Kind ein Mädchen: Elisabeth. Nun trat Anne als Schirmherrin von Kunst, Kultur und der Protestantismus-Bewegung auf. Als der König auch ihr untreu wurde, nahm sie es nicht schweigend hin. Mehrere Fehlgeburten schwächten Annes Status. Schließlich verliebte sich Heinrich in die unbedarfte Hofdame Jane Seymour. Der Ratgeber Cromwell ersann ein Komplott, um die wichtigsten Köpfe der Boleyn-Partei zu vernichten: Man klagte die Königin an, mit fünf Männern Ehebruch begangen zu haben. Nach kurzem Schauprozess wurden alle hingerichtet.

Katharina von Bora

Geb. 29. 1. 1499 in Lippendorf bei Leipzig
Gest. 20. 12. 1552 in Torgau

Mit fünf Jahren verlor Katharina, Tochter einer landadligen Familie, die Mutter. Der Vater ließ das «überzählige» Mädchen erst bei den Benediktinerinnen von Brehna, ab 1508 im Kloster Nimbschen bei den Zisterzienserinnen verschwinden. Dort musste sie 1514 die Ordensgelübde ablegen, erhielt aber auch eine für Frauen außergewöhnlich gute Ausbildung. 1523 beschlossen Katharina und zwölf weitere Nonnen zu fliehen, nachdem sie heimlich Schriften Martin Luthers gelesen hatten. Unter Lebensgefahr schmuggelte man sie nach Wittenberg, wo alle nacheinander heirateten. Die selbstbewusste Katharina blieb allein, bis sich der Reformator selbst entschloss, ein Zeichen gegen den Zölibat zu setzen – er sollte es nie bereuen. Am 13.6.1525 heiratete Luther, 42 Jahre alt, Katharina (26). Mit großer Energie versorgte sie Familie – im Lauf der Zeit wurden sechs Kinder geboren –, Gäste und Mieter, bewirtschaftete Güter, trieb Viehzucht und Imkerei, braute eigenhändig Bier und war daneben auch noch geistige Gefährtin des Ehemanns. Sie ertrug Luthers Depressionen, half ihm bei seinen zahlreichen Krankheiten und kümmerte sich um die Pflege armer Menschen. Das vorbildliche und einträchtige Leben der Luthers wurde für Jahrhunderte zum Ideal protestantischer Pfarrhäuser. Doch nach dem Tod des Reformators (1546) geriet seine Familie in Finanznöte; zweimal musste sie vor Pest oder Krieg aus Wittenberg flüchten. Katharina verunglückte mit dem Pferdewagen und erlag in Torgau ihren Verletzungen. In der dortigen Marienkirche ist ihr Grab noch erhalten.

Lucrezia Borgia

Geb. 19.4. 1480 in Rom
Gest. 22.6. 1519 in Ferrara

Wohl kaum eine Frau der Geschichte ist so verleumdet worden wie Lucrezia Borgia. Man unterstellte ihr Giftmorde sowie inzestuöse Beziehungen zu Vater und Bruder. Diese Behauptungen entsprangen der Propaganda zahlreicher Feinde, die sich die nach Macht strebende Borgia-Sippe gemacht hatte. Lucrezia war ein Spielball der Interessen ihrer Familie, die mit ihr bedenkenlos Heiratspolitik betrieb. Sie kam als eines von vier Kindern zur Welt, die der spanischstämmige Kardinal Rodrigo Borgia mit seiner Mätresse Vanozza di Catanei hatte; der berüchtigte Cesare, der 1492 unter dem Namen Alexander VI. Papst wurde, war einer ihrer Brüder. Als Kind wurde Lucrezia mehrfach verlobt, mit elf dann an den Grafen Gasparo de Procida verheiratet. Aus politischen Gründen löste der Papst ein Jahr später diese Ehe wieder auf. 1493 musste Lucrezia den Grafen Giovanni Sforza heiraten, einen gewalttätigen und bei den Untertanen verhassten Mann. Vier Jahre später schien es dem Papst opportun, auch diese Verbindung wegen Impotenz des Gatten für ungültig zu erklären. 1498 wurde Lucrezia mit einem Neffen des Königs von Neapel vermählt, Alfonso von Aragon. Aus der Vernunftehe wurde eine echte Liebesbeziehung, die brutal zerstört wurde, als das politische Blatt sich abermals wendete: Auf Befehl ihres Bruders Cesare wurde Lucrezias Gemahl 1500 ermordet. Kurz zuvor hatte die junge Frau einem Sohn, Rodrigo, das Leben geschenkt. Doch sie durfte ihr Baby nicht mitnehmen, als der Vater ihr eine neue Ehe aufdrängte: diesmal mit Alfonso d'Este, dem arroganten späteren Herzog von Ferrara, der erst nach Zahlung einer enormen Mitgift bereit war, sich mit den «Emporkömmlingen» zu verbinden. Am 30. 12. 1501 fand die Hochzeit statt. In Ferrara begründete Lucrezia einen Musenhof, wo berühmte Künstler und Gelehrte verkehrten. Zeitgenossen beschrieben sie als wohltätig, kunstsinnig, außerordentlich fromm und von heiterem Gemüt. Von acht aufeinanderfolgenden Schwangerschaften erschöpft, starb Lucrezia nach der Geburt der Tochter Isabella.

Anne Brontë

Geb. 17. 1. 1820 in Thornton
Gest. 28. 5. 1849 in Scarborough

Die Werke der Brontës gehören zu den wichtigsten und meistgelesenen der englischen Sprache. Das Erstaunen der viktorianischen Zeitgenossen war groß, als sich herausstellte, dass diese Romane von drei Pastorentöchtern verfasst wurden, die das heimatliche Yorkshire liebten und bis auf einen Studienaufenthalt in Brüssel nie in der Welt herumgekommen waren. Als jüngste der drei genialen schreibenden Schwestern kam Anne zur Welt, Tochter des Pfarrers Patrick Brontë. Schon ein Jahr später starb ihre Mutter Maria, bald darauf ihre beiden ältesten Schwestern. Gemeinsam mit den Schwestern Emily und Charlotte besuchte sie die Schulen von Roe Head und Dewsbury Moor und arbeitete ab 1839 als Gouvernante bei einer reichen Familie, später als Haushälterin eines Pastors. Unglücklicherweise verliebte sich Annes Bruder Branwell in dessen Ehefrau, was Annes Entlassung zur Folge hatte. 1846 beteiligte sie sich an einem Gedichtband, den die Schwestern unter einem Pseudonym erscheinen ließen. 1847 wurde ihr erstes Hauptwerk publiziert, «Agnes Grey». Den Erfolg konnte sie 1848 mit «Der Bauer von Wildfell Hall» fortsetzen, dessen Figuren mit liebevollem Humor entworfen sind. Auch diese Romane kamen unter dem männlich klingenden Pseudonym «Acton Bell» heraus – niemand sollte erfahren, dass die Verfasserin eine Frau war. Weiteren Ruhm sollte Anne nicht mehr ernten können: Ihre immer schon schwache Gesundheit brach aufgrund einer Tuberkuloseerkrankung zusammen. Die Autorin starb – 29-jährig und unverheiratet – bei einem Kuraufenthalt in Scarborough.

Charlotte Brontë

Geb. 21.4. 1816 in Thornton
Gest. 31.3. 1855 in Haworth

Charlotte ist die älteste überlebende und zugleich berühmteste der Brontë-Schwestern. Ab 1824 besuchte Charlotte eine Schule für mittellose Pfarrerstöchter, bis 1832 dann Roe Head, wo sie drei Jahre später bereits als Lehrerin angestellt wurde. Einige Jahre arbeitete sie als Gouvernante bei einer wohlhabenden Familie – eine für sie demütigende Erfahrung. 1841 reiste sie nach Brüssel, um sich zur Fachlehrerin ausbilden zu lassen, und verliebte sich unglücklich in den Pensionatsdirektor. Der Versuch einer eigenen Schulgründung schlug 1844 fehl. Dafür stellte sich schriftstellerischer Erfolg ein. Lange kannte man Charlotte nur unter dem männlichen Pseudonym Currer Bell. Zusammen mit ihren Schwestern veröffentlichte sie 1846 einen Gedichtband. In ihrem bekanntesten Werk «Jane Eyre», auch mehrfach verfilmt, verarbeitete sie die Erfahrungen als Erzieherin. Die Romane «Shirley» und «Villette» knüpften an diesen Erfolg an und brachten der Autorin finanzielle Unabhängigkeit. Ihre Heldinnen kämpfen stets für das Recht aufs eigene Glück und bewältigen mit Tugend und Geduld alle Schwierigkeiten auf ihrem Weg. 1849/50 lebte Charlotte in London, nachdem ihr Pseudonym gelüftet worden war. Die Gesellschaft hatte ihr weder ihren eleganten Schreibstil noch die bewegte Schilderung menschlicher Schicksale zugetraut. Die wenig Selbstbewusste und oft unter Depressionen Leidende musste jahrelang für den kranken Vater sorgen, ging aber als 36-Jährige gegen dessen Willen eine Ehe mit dem drei Jahre jüngeren Vikar Arthur Nicholls ein. Dieser missbilligte ihre Selbstständigkeit und drängte sie in die Hausarbeit. Die enttäuschte Charlotte, schwanger mit dem ersten Kind, zog sich eine tödliche Infektion zu und starb mit nur 39 Jahren.

Emily Brontë

Geb. 30. 7. 1818 in Thornton
Gest. 19. 12. 1848 in Haworth

Die mittlere der schreibenden Schwestern war ihrer Heimat – der düsteren, wilden Landschaft von Yorkshire – so verbunden, dass sie es nur ganze drei Monate auf der Schule Roe Head aushielt. Die weitere Ausbildung bekam Emily vom Vater in Hausunterricht. Kurzzeitig versuchte sie sich als Bedienstete einer Schuldirektorin, dann ging sie mit Schwester Charlotte 1841 nach Brüssel. Nach sechs Monaten verließ sie das Pensionat und begann als Musiklehrerin zu arbeiten. Emily wurde als hochmütig, linkisch und verschlossen bezeichnet, ebenso als sehr fleißig und unbändig stolz. Nach dem Erfolg des gemeinsamen Gedichtbandes 1846, zu dem sie besonders viel beigetragen hatte, wagte Emily unter dem männlichen Pseudonym «Ellis Bell» einen Alleingang und veröffentlichte 1847 «Wuthering Heights» (Sturmhöhe), bis heute einer der wichtigsten und meistgelesenen Romane in englischer Sprache. Die Hauptpersonen Heathcliff und Cathy wurden zum Inbegriff unzertrennlicher, in Tragik verstrickter Liebender; das Dämonische des Buches reizte später auch Hollywoods Filmemacher. Rätselhaft bleibt, woher die Autorin Anregung oder Vorbild nahm. Ihr ereignisarmes Leben, aus dem keine Liebesbeziehung bekannt wurde, bietet dazu ebenfalls keine Anhaltspunkte. Als habe das Schreiben ihres größten und einzig längeren Werkes ihr alle Lebenskraft geraubt, starb Emily schon im Jahr nach dessen Veröffentlichung an Tuberkulose.

Calamity Jane

Geb. 1.5. 1852 in Princeton, Missouri
Gest. 1.8. 1903 in Terry bei Deadwood, South Dakota

Eine Westernheldin, die in unzähligen Filmen, Romanen und sogar Comics ihren Auftritt hat: Calamity Jane konnte reiten, schießen und fluchen wie ein Mann. Sie war mutig wie die männlichen Pioniere, trank und rauchte wie diese – und wurde dafür von den ehrbaren, wohlanständigen Ladies verachtet. Martha Jane Can(n)ary war das älteste von sechs Kindern des Predigerehepaars Robert und Charlotte Cannary. 1865 plante die Familie, nach Montana überzusiedeln, doch die Eltern starben beide unterwegs. Nun kümmerte sich Jane um ihre Geschwister. In Männerkleidung nahm sie allerlei Jobs an, in denen sie sich schnell Respekt verschaffte. Innerhalb der US-Südweststaaten war sie als Armeescout, Postkutschenfahrerin, Goldgräberin, aber auch als Krankenschwester und Saloondame tätig. Reich wurde Jane dabei nicht, vermochte aber ihre Geschwister damit durchzubringen. Im Übrigen spann sie etliche Legenden um ihr Leben. Sie behauptete, mit dem berüchtigten Schützen «Wild Bill» Hickok verheiratet gewesen zu sein und eine Tochter namens Jean von ihm zu haben. Nachdem Bill 1876 bei einer Schießerei ums Leben kam, betrieb Jane einen regelrechten Totenkult um ihn. 1881 erwarb sie eine Farm beim Yellowstone Park und betätigte sich als Gastwirtin. Aber das sesshafte Leben war Jane auf Dauer zu langweilig. Im August 1885 heiratete sie Clinton Burke aus Texas und eröffnete mit ihm in Boulder abermals eine Wirtschaft. 1887 kam die Tochter Jane zur Welt. Nach der Scheidung der Burkes musste sie bei Pflegeeltern aufwachsen. Seit 1893 trat ihre Mutter u. a. als Reiterin und Kunstschützin in der Wildwest-Schau von Buffalo Bill auf. Doch die Alkoholikerin verlor im Streit mit ihren Arbeitgebern ein Engagement nach dem anderen. Gänzlich verarmt, starb sie an einer Lungenentzündung in einem kleinen Hotelzimmer. Ein junger Mann, den sie als Kind gesund gepflegt hatte, sorgte für ihr Begräbnis. Bei Janes armseliger Habe fand sich ein Bündel Briefe an die Tochter Jane, in denen sie ihren Lebensstil zu verteidigen suchte. Sie waren niemals abgeschickt worden.

Maria Callas

Geb. 2. 12. 1923 in Brooklyn/New York
Gest. 16. 9. 1977 in Paris

Die griechischstämmige Sopranistin war wohl eine der bekanntesten und bedeutendsten Opernsängerinnen des 20. Jahrhunderts. Ihr Stimmumfang war gewaltig, die Reinheit und Klarheit der Töne unerreicht, doch beeindruckte sie auch durch ihre Darstellungskunst.
Callas' Glanzrollen waren u. a. die «Norma» von Bellini, Cherubinis «Medea», die Violetta in Verdis «La Traviata» sowie die «Tosca» von Puccini. Besonders die Belcanto-Rollen in Opern von Donizetti, Bellini und Rossini liebte die Sängerin und machte diese Stücke von Neuem bekannt. Maria kam als jüngere von zwei Töchtern der griechischen Apothekerfamilie Kalogeropoulos zur Welt, die in die USA ausgewandert war. Nach der Scheidung der Eltern ging Maria mit Mutter und Schwester nach Athen, wo sie am Konservatorium Gesang und Klavier studierte. Trotz ihrer bei-nahe 100 Kilogramm debütierte die Jahrhundertstimme schon als 17-Jährige an der Athener Oper. 1948 heiratete sie den 30 Jahre älteren Mailänder Industriellen Giovanni Battista Meneghini, der ihr Manager wurde. Während die Callas von Erfolg zu Erfolg schritt, absolvierte sie ein eisernes Diätprogramm, bis sie schließlich ihr Idealgewicht erreicht hatte. Der allmähliche Abstieg begann, als die Diva den griechischen Großreeder Onassis kennenlernte (1958) und seine Geliebte wurde. Skandale und geplatzte Aufführungen waren die Folge einer ruinierten Stimme. 1966 gebar sie Onassis' Sohn Omerio, ihr einziges Kind, das kurz nach der Geburt verstarb. 1969 scheiterte ein Versuch, als Schauspielerin Fuß zu fassen, als sie in Pasolinis «Medea»-Film die Hauptrolle übernahm. Nach der Trennung von Onassis, der 1968 überraschend Jacqueline Kennedy heiratete, arbeitete die Sopranistin an einem Comeback, konnte aber an die alten Erfolge nicht wieder anknüpfen. Auch als Gesangspädagogin vermochte die Callas nicht zu überzeugen. Erst 53 Jahre alt, erlag die medikamentenabhängige Diva einem Herzversagen. Ihre betagte Mutter verstreute Callas' Asche in den Wellen der griechischen Ägäis.

Coco Chanel

Geb. 19. 8. 1883 in Saumur
Gest. 10. 1. 1971 in Paris

Die Modeschöpferin Gabrielle «Coco» Chanel kreierte u. a. «das kleine Schwarze», das Twinset und das Parfum «Chanel No. 5», das 1923 als erstes synthetisch zusammengesetztes Parfum auf den Markt kam. Sie war das zweite uneheliche Kind des Hausierers Albert Chanel und der Jeanne Devolle; die Eltern heirateten kurz nach ihrer Geburt. Die Mutter starb, als «Coco» elf Jahre zählte. Von da an wuchs das Mädchen im Waisenhaus auf und erhielt eine Ausbildung als Näherin. Neben ihrer Arbeit in einem Wäschegeschäft trat sie später auch als Sängerin auf. 1904 traf sie den Fabrikantensohn Etienne Balsan, mit dem sie bis 1910 zusammenlebte und mit dessen Hilfe sie ein Hutatelier einrichtete. Von nun an sollte Chanel, die niemals heiratete, mithilfe wechselnder Liebhaber gesellschaftlich wie geschäftlich weiterkommen. 1910 eröffnete sie ihr erstes Geschäft in Paris und avancierte bald zur Modeschöpferin. Statt Prunk, Rüschen und Korsetts entwarf sie klare Linien, locker fallende Stoffe und salonfähigen Modeschmuck. Während der Jahre 1940–1945 blieb Chanels Haus geschlossen. Für die Franzosen war es ein Skandal, dass Coco mit dem deutschen Diplomaten Hans Günther von Dincklage, Sonderbeauftragter von Goebbels (und Spion), zusammenlebte. Die beiden gingen schließlich in die Schweiz, von wo Chanel erst 1953 zurückkehrte. Zwei Jahre später kreierte sie das nach ihr benannte Kostüm, «die Spitze der Eleganz». Eifrig verbreitete die Einsame Legenden über Herkunft, Alter und Lebenslauf, bis sie mit 87 Jahren im Schlaf starb, standesgemäß im Hotel Ritz.

Emilie du Châtelet

Geb. 17. 12. 1706 in Paris
Gest. 10. 8. 1749 in Lunéville

Gabrielle-Emilie Le Tonnelier de Breteuil, Marquise du Châtelet war eine der klügsten und gebildetsten Frauen ihres Jahrhunderts. Emilie sprach mit zwölf bereits vier Sprachen fließend und wandte sich Naturwissenschaften und Philosophie zu. Wie in Adelskreisen üblich, musste sie eine Vernunftehe eingehen. Die 19-Jährige heiratete den zehn Jahre älteren Offizier Florent-Claude du Châtelet, einen gutmütigen, aber steifen und langweiligen Herrn. Zwischen 1726 und 1734 wurden drei Kinder geboren, dann gingen beide inoffiziell ihren eigenen Weg. 1734 lernte Emilie Voltaire kennen und bot ihm Unterschlupf im Schloss Cirey, ausgestattet mit Physiklabor und Privatbibliothek. 14 Jahre währte die Liebes- und Arbeitsgemeinschaft der beiden. Emilie veröffentlichte 1740 ein Werk, in dem sie Newtons Ideen allgemeinverständlich erläuterte, und übersetzte dessen «Philosophiae naturalis principia mathematica» ins Französische (1759 publ.). Damit trug sie entscheidend zur Newton-Rezeption in ihrem Heimatland bei. Ebenfalls 1740 erschien ein Buch, das die Forschungen Emilies und Voltaires zu Arbeiten von Leibniz zusammenfasste und von dem Mathematiker König beeinflusst wurde. Dieser verbreitete böswillig, das Buch enthalte hauptsächlich das, was er der Marquise im Mathematikunterricht beizubringen versucht habe. Doch Maupertuis und andere Akademiemitglieder bestätigten, dass Emilie bereits vor der Zeit mit König über den Inhalt ihres Buches mit ihnen disputiert hatte. Voltaire wandte sich privat schließlich seiner blutjungen Nichte zu. Aus Rache nahm sich auch Emilie einen viel jüngeren Liebhaber, den Offizier Saint-Lambert. Von ihm wurde sie 43-jährig schwanger, in den Augen der Umwelt ein Skandal. Die Marquise brachte ein Mädchen zur Welt und starb kurz darauf am Kindbettfieber.

Agatha Christie

Geb. 15.9. 1890 in Torquay
Gest. 12. 1. 1976 in Wallingford

Wohl kaum jemand hat mit Morden so viel verdient wie Agatha Christie. Ihre Bücher erfreuen sich weltweit ungebrochener Beliebtheit (ca. 500 Millionen verkaufte Exemplare) und wurden in mehr als 50 Sprachen übersetzt. Ihr Erfolg gründet teils auf der Romanhandlung, die selten reißerisch, aber immer spannend ist und mit verblüffendem Ende überrascht, teils auf der liebevollen und gut beobachteten Schilderung der Personen. – Agatha Miller war das Kind eines amerikanischen Geschäftsmannes und einer Engländerin. Sie besuchte nie eine Schule, sondern wurde von der Mutter und diversen Hauslehrern unterrichtet. Früh schon begann sie zu schreiben. Durch den frühen Tod des Vaters finanziell bedrängt, suchte sich Agatha Arbeit als Schwesternhelferin, später in einer Apotheke. Beides vermittelte ihr umfassende Kenntnis über Gifte, die ihr beim Verfassen ihrer Kriminalromane zugute kam. 1914 heiratete sie den Offizier Archibald Christie. 1919 wurde die Tochter Rosalind geboren. Bald danach erschien Christies erstes Buch «The mysterious affair at Styles» (dt.: Das fehlende Glied in der Kette). Insgesamt schrieb sie 85 Bücher, darunter auch einige Liebesromane unter dem Pseudonym «Mary Westmacott». Besonders beliebt wurden die Werke um Hercule Poirot, einen belgischen Privatdetektiv, und Miss Marple, eine alte Dame, die immer wieder in ungelöste Mordfälle gerät. Agatha Christie verfasste auch das Theaterstück «Die Mausefalle», das einen einsamen Rekord hält: Es wird seit 1952 in London ununterbrochen gespielt. Ihr privates Glück zerbrach jedoch. 1926 verschwand Agatha zehn Tage lang spurlos nach einem Seitensprung-Geständnis ihres Mannes, 1928 folgte die Scheidung. Um sich abzulenken, bereiste die Autorin per Zug den Nahen Osten und lernte 1930 im Irak den Archäologen Max Mallowan kennen. Sie heiratete den 15 Jahre Jüngeren und arbeitete an seiner Seite jahrzehntelang an Ausgrabungsstätten in Syrien und im Irak. Das Paar wurde 1971 geadelt. Als Schriftstellerin blieb Christie bis ins hohe Alter tätig.

Christina von Schweden

Geb. 8. 12. 1626 in Stockholm
Gest. 19. 4. 1683 in Rom

Das einzig überlebende Kind des Schwedenkönigs Gustav Adolf und der Maria Eleonore von Brandenburg war die letzte Regentin des Geschlechtes Wasa. Sechsjährig verlor sie den Vater, der als «Märtyrer des Protestantismus» im Dreißigjährigen Krieg fiel. Christina suchte sich lebenslang von seinem übermächtigen Schatten zu befreien – nicht zuletzt durch ihre spätere Konversion zum katholischen Glauben. Bis zu Christinas Volljährigkeit regierte ein Rat unter Kanzler Oxenstierna, nach umfassender Ausbildung trat sie mit 18 Jahren selbst die Herrschaft an. Sie galt als exzentrische Persönlichkeit: hochgebildet, unbeherrscht, trotz leichter Behinderung hervorragend im Reiten, Fechten und Schießen. Im Privatleben wandte sie sich Männern wie Frauen zu und weigerte sich energisch zu heiraten. Früh schon bestimmte sie ihren Vetter Karl Gustav von Pfalz-Zweibrücken zum Nachfolger. Christina zog Gelehrte und Künstler an den schwedischen Hof. Die Unterstützung der Universität Uppsala lag ihr am Herzen. Selbst wissenschaftlich interessiert, erwarb sie ganze Bibliotheken. Der Skandal war perfekt, als die Königin 1654 auf den Thron verzichtete und nach längerer Europareise in Innsbruck offiziell katholisch wurde. Sie ließ sich in Rom nieder und genoss dort die Gunst des Papstes, dem die Vorzeige-Konvertitin allerdings nicht nur Freude bereitete. Auf der Suche nach einem Betätigungsfeld wollte Christina, stets in Geldnöten, Königin von Neapel werden – wobei freilich erst die spanische Herrschaft dort abgelöst werden musste. Dieser Geheimplan scheiterte ebenso wie ihre offizielle Bewerbung um den Thron Polens (1668) und der Versuch, die Herrschaft über das Herzogtum Bremen zu bekommen (1687). Grausamkeit und Kaltblütigkeit bewies sie im Fall des Mordes an Marchese Monaldesco, den sie des Verrats bezichtigte und vor ihren Augen regelrecht abschlachten ließ. 1670 gründete Christina ein Theater in Rom, 1674 die Accademia Reale. Ihre letzten Jahrzehnte verbrachte Christina in Rom, wo sie im Petersdom mitten unter Kirchenfürsten begraben liegt.

Camille Claudel

Geb. 8. 12. 1864 in Fère-en-Tardenois
Gest. 19. 10. 1943 in Montdevergues

Camille war das älteste überlebende Kind des Katasterbeamten Louis Claudel und seiner Frau Louise. Nach ihr wurden noch die musikalisch begabte Louise (1866) und der spätere Schriftsteller Paul (1868) geboren. Die strenge, verhärmte Mutter vermochte ihre Liebe nicht zu zeigen, während der Vater die Kinder verwöhnte. Er unterstützte Camille, die schon als Kind mit Lehm modellierte, in ihrem für die damalige Zeit unerhörten Wunsch, Bildhauerin zu werden. Die Familie übersiedelte 1881 nach Paris, wo die Älteste die Académie Colarossi besuchte. Entscheidend wurde die Begegnung mit dem wesentlich älteren Auguste Rodin (1883), der Camille als Schülerin und Werkstattgehilfin aufnahm. Zehn Jahre lang war sie Rodins Geliebte, was sie vor der Familie ängstlich zu verbergen suchte. 1894 gab sie die Hoffnung auf eine Heirat mit dem anderweitig liierten Bildhauer auf und brach menschlich wie künstlerisch mit ihm, kam darüber aber nie wirklich hinweg. 1905 beteiligte sich Camille letztmals an einer größeren Ausstellung. Gelegentlich unter Verfolgungswahn leidend, mietete sie eine Pariser Kellerwohnung, in der sie mit zwölf Katzen hinter zugenagelten Fenstern hauste. Mitunter zerstörte sie die Kleinplastiken, die nun in großer Zahl entstanden. Camille wurde 1913 nach dem Tod des Vaters auf Drängen der Familie in eine psychiatrische Anstalt gebracht. Die dort erstellte Diagnose verbannte sie für die nächsten 30 Jahre hinter Gitter. In dieser Umgebung brachte sie kein einziges Kunstwerk mehr zustande. Der fromme Bruder Paul reagierte auf ihre flehentlichen Bitten, sich für ihre Entlassung einzusetzen, mit der Beauftragung eines Priesters zur Durchführung eines «Fernexorzismus». Elend und vergessen starb die Künstlerin. Erst Jahrzehnte nach dem Tod der Bildhauerin wurde ihrem Werk die rechte Würdigung zuteil.

Marie Curie

Geb. 7. 11. 1867 in Warschau
Gest. 4. 7. 1934 in Sancellemoz

Die polnische Chemikerin und Physikerin, als Maria Sklodowska in Warschau geboren, erhielt zweimal den Nobelpreis: für Physik und für Chemie. Sie wirkte bahnbrechend auf dem Gebiet der Radioaktivitätsforschung und entdeckte die Elemente Radium und Polonium. Doch bis dahin war es ein steiniger Weg. Der Vater lehrte Physik und Mathematik an einem Gymnasium, die Mutter war Direktorin einer Mädchenschule. Maria kam als letztes von fünf Kindern zur Welt und verlor die Mutter mit elf Jahren. 1883 machte sie das Abitur, konnte aber, da in Polen Frauen das Studium verwehrt war, erst 1891 nach Paris gehen, um dort Physik zu studieren. Am 26. 7. 1895 heiratete Marie (wie sie sich in Frankreich nannte) Pierre Curie, der als Lehrer für Physik und Chemie wirkte. Das Ehepaar forschte gemeinsam in Pierres Schullabor. 1897 wurde die Tochter Irene geboren, die 1935 selbst den Nobelpreis für Chemie erhalten sollte, 1904 folgte Tochter Eve. Die Curies wurden 1903 für ihre Arbeit in der Strahlenforschung gemeinsam mit H. Becquerel mit dem Physik-Nobelpreis geehrt. Doch am 19. 4. 1906 starb Pierre bei einem Verkehrsunfall. Die Witwe übernahm seine Stelle, machte allein weiter und wurde 1911 abermals ausgezeichnet, diesmal mit dem Nobelpreis für Chemie. Der ahnungslose Umgang mit hochgefährlichen Materialien kostete die Pionierin das Leben: Marie Curie erkrankte aufgrund der Strahlenbelastung an einem tödlichen Mangel an roten Blutkörperchen, dem sie 66-jährig erlag.

Diana, Prinzessin von Wales

Geb. 1.7. 1961 in Sandringham
Gest. 31.8. 1997 in Paris

Prinzessin Diana war die meistfotografierte Frau der Welt. Ihr Leben wurde als modernes Märchen dargestellt – bis diese Seifenblase platzte; ihr tragischer Tod sorgte noch fast ein Jahrzehnt für Verschwörungstheorien.

Dianas Eltern John Earl of Spencer und Frances (geb. Burke Roche) wollten einen Sohn, der das aristokratische Familienerbe antreten konnte. Diana Frances aber war die dritte Tochter in Folge und fühlte sich als Kind unglücklich und zurückgewiesen. Sie wuchs als mittelmäßige Schülerin in Internaten auf. Eine echte Ausbildung oder ein Studium absolvierte sie nie und arbeitete später als Aushilfe in einem Kindergarten. Als sie 18-jährig den britischen Kronprinzen Charles – damals 31 – näher kennenlernte, suchte man bei Hof daraus eine Geschichte mit öffentlichem Happy End zu machen. Charles' eigentliche Wunschpartnerin, Camilla Shand, hatte man als «ungeeignet» abgelehnt. Am 29.7. 1981 wurde für die staunende Welt eine Traumhochzeit inszeniert. Die Söhne William (1982) und Henry (1984) wurden geboren. Die seelisch nicht unkomplizierte Diana erkrankte an Bulimie und drohte mit Selbstmord, als sie sich dem Druck der Öffentlichkeit, aber auch der Lieblosigkeit ihres offenbar überforderten Gatten ausgesetzt sah. Als Prinz Charles die Beziehung zur inzwischen verheirateten Camilla wieder aufnahm, stürzte sich auch Diana in zahlreiche Affären, die ihr kein Glück brachten. 1992 machte die Prinzessin ihr Leiden öffentlich. Die Scheidung 1996 beendete den jahrelangen Medienkrieg der Ehepartner. Diana, die sich schon immer für soziale Belange eingesetzt hatte, verstärkte dieses Engagement und wurde zur «Königin der Herzen». Die Prinzessin kam mit ihrem Freund Dodi al-Fayed bei einem nächtlichen Autounfall ums Leben, angeblich auf der Flucht vor neugierigen Reportern. Ihr Tod löste eine wahre Hysterie aus, insbesondere in Großbritannien. Mit wachsender zeitlicher Distanz werden Persönlichkeit und Leistung Dianas allmählich differenzierter betrachtet.

Marlene Dietrich

Geb. 27. 12. 1901 in Berlin-Schöneberg
Gest. 6. 5. 1992 in Paris

Marie Magdalene Dietrich bekam als Offizierstochter Disziplin und Tatkraft mit auf den Weg – Eigenschaften, die sie lebenslang auszeichneten. Der Vater starb 1908, der Stiefvater ermöglichte Marlene ab 1918 die Ausbildung zur Konzertgeigerin. Eine Krankheit unterbrach diese Karriere; Marlene ging zur Schauspielschule Max Reinhardts und spielte bald kleine Rollen in Stummfilmen. 1923 heiratete sie den Produktionsassistenten Rudolf Sieber und bekam 1924 die einzige Tochter Maria. Die Dietrich gab diese Ehe niemals auf, trotz unzähliger Liebhaber beiderlei Geschlechts und Rudolfs Bindung an eine andere Frau. 1930 erfolgte der Durchbruch mit dem Tonfilm «Der blaue Engel». Dietrich folgte dessen Regisseur von Sternberg in die USA und machte fortan in Hollywood Karriere, wo sie bewusst als Konkurrenz Greta Garbos eingesetzt wurde. 1939 nahm sie die amerikanische Staatsbürgerschaft an. Politisch und sozial war die Schauspielerin gegen das Naziregime engagiert, was man ihr in Deutschland noch lange übel nahm, ihr aber ansonsten vielfache Ehrungen einbrachte. Von 1953–1975 war Marlene Dietrich vorwiegend als Chansonsängerin auf Tournee, 1979 drehte sie ihren letzten Film. Im Alter bekam der Weltstar aus Deutschland Probleme mit Alkohol und Tabletten und zog sich vollkommen aus der Öffentlichkeit zurück. Ihre androgyne Ausstrahlung, rauchige Stimme und große Schauspielkunst sicherten ihr einen Platz unter den Unvergesslichen.

Annette von Droste-Hülshoff

Geb. 10. 1. 1797 auf Schloss Hülshoff bei Münster
Gest. 24. 5. 1848 in Meersburg am Bodensee

Anna Elisabeth Freiin von Droste zu Hülshoff, genannt Annette, ist eine der größten Dichterinnen deutscher Sprache. Sie schrieb sowohl Gedichte (darunter viele Balladen) als auch Novellen und Erzählungen, oft von unheimlicher und gespenstischer Stimmung. In ihrem Werk kommt eine Verbundenheit mit Natur, münsterländischer Heimat und christlicher Religion zum Ausdruck. Ihr Leben verlief scheinbar wenig ereignisreich. Als zweites von vier Kindern des Freiherrn Clemens von Droste-Hülshoff geboren, wuchs Annette auf dem Wasserschloss ihrer sehr alten und traditionsreichen Familie auf. Ihre außerordentliche Intelligenz und Auffassungsgabe, gepaart mit musischem Talent (sie sang, komponierte und malte auch), wurde durch Hauslehrer gefördert. 1817 starb der Vater, und Annette musste mit Mutter und Schwester in das Rüschhaus ziehen, den Witwensitz der Familie. Immer wieder machten ihr Einsamkeit und Finanznot zu schaffen. Im Sommer 1820 fiel Annette einer Intrige zum Opfer, als zwei Männer sich gleichzeitig in sie verliebten und dann sitzenließen. Es fand sich kein Partner, der die geniale, hochgebildete Frau als gleichwertig akzeptierte – so blieb Annette unverheiratet und hatte damit in den Augen ihrer Gesellschaftsschicht den Zweck des Daseins verfehlt. Die Freundschaft zu dem 17 Jahre jüngeren Schriftsteller Levin Schücking inspirierte die Dichterin zu großartigen Leistungen. Doch als der junge Mann ihre Liebe nicht erwiderte und eine andere heiratete, zudem noch vertraulich gegebene Informationen in einem Roman verarbeitete, kam es zur Entfremdung. Dafür stellte sich jetzt endlich öffentlicher Erfolg ein: Von ihren Honoraren erwarb die Droste das «Fürstenhäusle» mitten in einem Weinberg am Bodensee. Lang konnte sie sich nicht daran erfreuen; 51-jährig starb sie an einem Herzschlag auf Schloss Meersburg. Dort hatte sie mehrfach für längere Zeit ihre verheiratete Schwester besucht; auf dem dortigen Friedhof wurde sie auch begraben.

Marie-Jeanne Bécu, Comtesse du Barry

Geb. 19.7. 1743 in Vaucouleurs (Lothringen)
Gest. 8. 12. 1793 in Paris

Als uneheliches Kind einer Näherin und eines Mönchs aus der Provinz erhielt Jeanne in Paris eine solide Bildung als Klosterschülerin. Aus Geldmangel musste sie 14-jährig den Konvent verlassen und sich als Vorleserin, Modezeichnerin und Textilverkäuferin durchschlagen. Die außergewöhnlich schöne Frau geriet an den zwielichtigen Grafen Jean du Barry. Er brachte ihr höfische Manieren bei, wurde ihr Lebensgefährte und zugleich Zuhälter und schaffte es, Jeanne mit dem alternden König Ludwig XV. zusammenzubringen. Dieser half der jungen Frau, eine neue gesellschaftliche Existenz aufzubauen. Jeanne musste eine Scheinehe mit dem Bruder des Grafen du Barry schließen, dann avancierte sie zur offiziellen Königsmätresse. Anders als die Pompadour (ihre verstorbene Vorgängerin) kümmerte sich Madame du Barry wenig um Politik, trat mehr als Kunstmäzenin in Erscheinung. Ihre liebenswürdige und großzügige Art verhinderten kaum, dass der alte Adel die Aufsteigerin schnitt. Als Ludwig XV. 1774 starb, wurde sie vom Nachfolger sofort in ein Kloster verbannt. Jahre später lebte du Barry, wieder frei, auf Schloss Louveciennes, wo sie sich der Wohltätigkeit wie dem (verheirateten) Herzog von Brissac widmete. Die dankbaren Dorfbewohner schützten sie, als 1789 die Revolution ausbrach, deren Gefährlichkeit die Gräfin verkannte. Brissac wurde ermordet, der kostbare Diamantenschmuck der du Barry gestohlen. Von ehemaligen Dienern angezeigt, warf man sie schließlich ins Gefängnis. Eine angebotene Fluchtmöglichkeit schlug sie zugunsten der Tochter ihres ermordeten Geliebten aus. Jeanne du Barry, Frankreichs letzte Maitresse en titre, wurde im Schnellverfahren abgeurteilt und guillotiniert.

Isadora Duncan

Geb. 27. 5. 1878 in San Francisco
Gest. 14. 9. 1927 in Nizza

Duncan revolutionierte die Tanzkunst: Barfuß und in antiken Gewändern interpretierte sie in freien Bewegungen Musikstücke, die niemand für tanzbar gehalten hätte. Vom klassischen Ballett hingegen hielt sie nicht viel. Schon als Kind, liebevoll und liberal erzogen, lehrte sie Gesellschaftstanz gegen Honorar – der Vater hatte die Mutter mit vier Kindern sitzen lassen, und Geld war stets knapp. 1899 wanderte die Familie nach Europa aus, wo Isadora mit ihren Ideen berühmt wurde. 1904 gründete sie in Berlin eine Tanzschule, wurde aber gesellschaftlich geschnitten, als sie das Recht auf freie Liebe propagierte. Von dem Maler und Theaterdekorateur Edward Craig bekam sie 1906 die Tochter Deirdre, von dem US-Fabrikantensohn Eugene Singer den Sohn Patrick (1910). Ohne Rücksicht auf bestehende Bindungen und Konventionen hatte Duncan über die Jahre unzählige Geliebte. Die Kinder ertranken 1912 bei einem Unfall in Paris, als Duncans Auto in die Seine fiel. Das mit einem Bildhauer in Italien bewusst gezeugte «Ersatzkind» starb 1914 nach wenigen Stunden. Durch den Ersten Weltkrieg und eigene geschäftliche Untüchtigkeit finanziell am Ende, ging Duncan in die Sowjetunion. 1922 heiratete die 44-Jährige den Dichter Sergej Jessenin, 26. Die beiden fielen durch Trinkerei, Zerstörungsorgien und kommunistische Kundgebungen auf, bevor die Ehe scheiterte und Jessenin sich 1925 erhängte. Duncans Manager brannte mit ihrem letzten Geld durch. Um Geld zu verdienen, schrieb sie ihre Memoiren. Auf der Bühne war sie inzwischen, dick und mit gemessenen Gesten, nur noch eine Karikatur ihrer selbst. Bizarr war schließlich auch ihr Tod: Bei einer Spazierfahrt mit ihrem letzten Geliebten, einem Autohändler, verfing sich Duncans langer Schal in einem der Räder des Oldtimers. Ihre Urne wurde auf dem Pariser Prominentenfriedhof Père Lachaise beigesetzt.

Eleonora Duse

Geb. 3. 10. 1858 in Vigevano
Gest. 21. 4. 1924 in Pittsburgh

Die große Leidende – das war Duse nicht nur auf der Bühne, sondern oft auch privat. Sie kam als Kind von Schauspielern einer Wanderbühne zur Welt und gab bereits als 4-Jährige ihr Debüt. Als die Mutter 1870 starb, ersetzte das frühreife Kind sie in Hauptrollen. Mit 21 gebar sie einen unehelichen Sohn, der bald starb; dessen Vater, der Journalist Cafiero, hatte sie da bereits verlassen. Am 7. 9. 1881 heiratete Duse den Schauspieler Tebaldo Checchi und gebar im Januar 1882 die Tochter Enrichetta. Sie trat der Truppe Rossi bei, in der auch ihr Mann agierte. Ihr Ruhm verbreitete sich rasch – wenn sie spielte, lebte sie ihre Rollen, konnte auf Befehl erröten und weinen. Auf übertriebenes Mimen, wie damals üblich, verzichtete Duse und läutete damit den Beginn des «Modernen Theaters» ein. Den Erfolg bezahlte die Perfektionistin mit Selbstzweifeln und Depressionen. 1885 verliebte sie sich während einer Südamerikatournee in ihren Bühnenpartner Flavio Andó, blieb aber mit Checchi bis zu dessen Tod verheiratet, da er drohte, ihr sonst die Tochter wegzunehmen. Mit Andó gründete Duse eine eigene Truppe, die die Welt bereiste. 1895 wurde Duse die Geliebte des selbst ernannten Dichtergenies Gabriele d'Annunzio und setzte ihr Vermögen ein, um dessen Stücke aufzuführen und durchzusetzen. Er dankte es ihr mit einer gehässigen Darstellung als verblühende Diva in seinem Roman «Feuer» (1900). Als er sie betrog, verließ sie ihn. 1909 nahm Duse Abschied von der Bühne und trat 1916 – erfolglos – in einem Stummfilm auf. Finanzprobleme zwangen sie 1921 zum Comeback. Einst auf der Reise geboren, starb sie auch unterwegs: an einer Lungenentzündung während einer USA-Tournee in Pittsburgh, 65 Jahre alt.

Elisabeth von Thüringen

Geb. zwischen August und November 1207 wohl in Sárospatak (Ungarn)
Gest. 19. 11. 1231 in Marburg

Die jung verstorbene Landgräfin Thüringens war seit dem Mittelalter eine der populärsten Heiligen. Ihr der tatkräftigen Nächstenliebe gewidmetes Leben ist von zahlreichen Legenden umgeben. Elisabeth kam als zweites von fünf Kindern von König Andreas II. von Ungarn und seiner Gemahlin Gertrud von Andechs-Meranien zur Welt. Schon als 4-Jährige wurde das Kind mit dem Erben des thüringischen Landgrafen verlobt und auf die Wartburg bei Eisenach gebracht. Dort wuchs Elisabeth bei ihrer Schwiegerfamilie auf. Mit 14 (1221) heiratete sie Ludwig, der seit 1217 als vierter Landgraf dieses Namens über Thüringen herrschte. Die Ehe wurde mit drei Kindern äußerst glücklich. Elisabeth, von jeher fromm, ließ am Fuß der Wartburg ein Hospital errichten, spendete Geld für die Armen und holte die Franziskaner nach Thüringen, deren Armutsideal sie begeisterte. Dann geriet sie unter den Einfluss Konrads von Marburg, eines Weltgeistlichen aus niederem Adel, bekannt als asketischer Kreuzzugsprediger. Ihn ernannte Elisabeth zum Beichtvater und Seelenführer, sie unternahm Fastenaktionen und selbstquälerische Kasteiungen. Dass sie bei der Kranken- und Armenpflege selbst mit Hand anlegte, galt als unhöfisch – ein Skandal. Landgraf Ludwig ging auf Kreuzzug und starb in Italien. Elisabeth war mit 20 Jahren Witwe. Der Schwager Heinrich Raspe übernahm die Herrschaft und enthielt ihr widerrechtlich die Witwengüter vor. Elisabeth verließ die Wartburg und zog nach Marburg, als ihr Onkel sie erneut verheiraten wollte. 1228 erhielt sie eine Abfindung sowie Ländereien und sagte sich öffentlich von allem los, auch ihren Kindern. Sie baute ein Hospital, wo sie sich unermüdlich der Krankenpflege widmete. Nach nur drei Jahren war ihre Kraft aufgezehrt. Elisabeth erlag 24-jährig einer Infektion, Konrad betrieb sofort ihre Heiligsprechung, die schon vier Jahre später erfolgte.

Elisabeth von Österreich

Geb. 24. 12. 1837 in München
Gest. 10. 9. 1898 in Genf

Elisabeth (im Familienkreis «Sisi») wuchs mit zahlreichen Geschwistern als Kind des bayerischen Herzogspaars Maximilian und Ludowika recht ungezwungen auf. Als der junge Kaiser Franz-Joseph von Österreich um die Hand ihrer älteren Schwester warb, fuhr Sisi mit zum Treffen. Der Herrscher verliebte sich in die 15-Jährige und verlobte sich sogleich mit ihr. Am 24. 4. 1854 fand in Wien die glanzvolle Hochzeit statt. Schon bald stieß die jugendliche Kaiserin auf Widerstände. Sie hasste die steife Etikette am Hof und die Herrschsucht ihrer Schwiegermutter, die zugleich ihre Tante war. In ihrem Gemahl, der Mutter hörig, hatte sie dabei keine Stütze. Vier Kinder wurden geboren: Sophie (1855), die früh starb, Gisela (1856), Thronfolger Rudolf (1858) und Marie-Valerie (1868). Die Erziehung der ersten drei Kinder übernahm die Kaiserinmutter; wohl auch ein Grund, dass Elisabeth zeitlebens kein enges Verhältnis zu ihnen fand. 1860 fuhr Sisi unter dem Vorwand, sich auskurieren zu müssen, für zwei Jahre nach Madeira. Die informierten Kreise in Wien empfanden dies als Skandal, doch von nun an war die Reiselust der Kaiserin kaum noch zu bremsen. Rastlos durcheilte sie die Welt, besuchte ihren Mann nur sporadisch. Sisi mied ihre öffentlichen Repräsentationspflichten. Einige Zeit suchte sie politischen Einfluss zugunsten Ungarns auszuüben, wurde aber von Franz-Joseph nicht ernst genommen. Sie schrieb heimlich bissige Gedichte und lehnte es ab, jegliche ihr zugedachte Rolle auszufüllen. Die Kaiserin hielt jahrelang Diäten bis hin zur Entwicklung von Hungerödemen. Ihren immer wieder untreuen Gemahl ermutigte sie schließlich, eine dauerhafte Beziehung zur Schauspielerin Katharina Schratt einzugehen. Dann rissen die Unglücksfälle nicht mehr ab: Sohn Rudolf beging mit einer Geliebten Selbstmord; Cousin Ludwig II. von Bayern ertrank, Schwester Sophie verbrannte bei einem Unglück in Paris. Elisabeth wurde depressiv. In Genf fiel sie dem Attentat eines italienischen Anarchisten zum Opfer, der den Adel hasste und sie auf offener Straße erstach.

Elisabeth I. von England

Geb. 7.9. 1533 in Greenwich
Gest. 24.3. 1603 in Richmond

Die Heirat ihrer Eltern Anne Boleyn und Heinrich VIII. war der Anlass zur Trennung Englands von der katholischen Kirche. Anne, nach drei Jahren noch ohne Sohn, wurde 1536 geköpft, ihr Kind zum Bastard erklärt. Die 6. Frau Heinrichs VIII. holte Elisabeth an den Hof zurück und ermöglichte ihr eine umfassende humanistische Ausbildung. Unter den Regierungen ihrer Halbgeschwister Edward VI. (1547–53) und Maria I. (1553–58) geriet die Prinzessin öfter in Gefahr: als Heiratsobjekt ehrgeiziger Adliger oder wegen ihrer gemäßigt protestantischen religiösen Überzeugung. Durch Parlamentsbeschluss 1544 wieder in die Thronfolge eingereiht, trat sie nach dem Tod Marias I. als letztes überlebendes Kind Heinrichs VIII. die Herrschaft an. Sie kann als Begründerin der anglikanischen Kirche gelten, die sie auf gesetzliche Grundlagen stellen ließ. Sie verfolgte eine Politik der religiösen Toleranz, wurde aber durch die 1570 von Papst Pius V. ausgesprochene Exkommunikation dazu gedrängt, Maßnahmen gegen Katholiken zu ergreifen. Ebenso ging sie gegen die protestantischen Puritaner vor. Eine gefährliche Gegnerin war Maria Stuart, die katholische Herrscherin des Nachbarreichs Schottland, die sich selbst als wahre Erbin der englischen Krone betrachtete, weshalb Elisabeth sie gefangen setzen ließ. Zögernd nur gab sie die Zustimmung zur Hinrichtung der Rivalin (1587), die immer wieder Verschwörungen gegen die Königin unterstützte. Als Reaktion darauf sandte Philipp II. von Spanien die Armada, eine riesige Flotte, die jedoch 1588 besiegt und zerstreut wurde. Unter Elisabeths Herrschaft erlebte das Land eine Periode des Friedens; Kunst und Kultur standen in Blüte; in Nordamerika wurden erste Kolonien gegründet. Vom Volk geliebt und von klugen Ratgebern umgeben, regierte die Königin mit teilweise modern anmutenden Methoden. Sie heiratete nie, ließ sich in Anknüpfung an den Marienkult als «jungfräuliche Herrscherin» feiern und vererbte den Thron an Maria Stuarts einzigen Sohn James, der England und Schottland vereinte.

Elisabeth II. von Großbritannien

Geb. 21.4. 1926 in London

Eine Königin wie die erste Elisabeth kann sie nicht sein, doch die Liebe und Treue der Briten sind ihr dennoch seit vielen Jahrzehnten sicher. In einer Zeit, in der das Empire sich zum Commonwealth wandelte und Großbritannien seine wirtschaftliche wie politische Vormachtstellung teilweise einbüßte, steht die Person Elizabeths als Garantie für Stabilität. Ihr Verdienst ist es, die Verbindung zu den sich entwickelnden oder unabhängig gewordenen Staaten des Imperiums aufrechterhalten zu haben. Dabei war sie für diese Rolle ursprünglich nicht vorgesehen. Prinzessin Elisabeth wurde als erstes Kind von Albert, Herzog von York, und seiner Frau Elisabeth Bowes-Lyon geboren. Erst durch die Abdankung ihres Onkels Edward VIII. (1936) wurde ihr Vater als George VI. König, sie selbst Thronfolgerin. Elisabeth und ihre Schwester Margaret wurden von Hauslehrern erzogen und ausgebildet. Am 20.11. 1947 heiratete die Prinzessin den Offizier Philip Mountbatten, Prinz von Griechenland, später Herzog von Edinburgh. Die beiden bekamen vier Kinder: Kronprinz Charles (1948), Anne (1950), Andrew (1960) und Edward (1964). Während eines Aufenthalts in Kenia erfuhr Elisabeth vom Tod ihres Vaters (6.2.1952), ihre feierliche Krönung fand aber erst am 2.6.1953 in der Westminster Abbey statt. Im Dienst der Krone ist die Queen diszipliniert und fleißig; sie ist das am weitesten gereiste Staatsoberhaupt der Welt. Privat ist sie eine humorvolle Frau mit Freude am Landleben, einer Vorliebe für Pferdesport und Corgis (Hunderasse). Die Ehe mit Prinzgemahl Philip währt 2007 schon 60 Jahre – im Gegensatz zu den Verbindungen ihrer Kinder, denn drei von vier haben eine Scheidung hinter sich. Als 1997 ihre Schwiegertochter Diana verunglückte, vermied es die Königin, öffentlich Gefühle zu zeigen, was man ihr prompt vorwarf. Mit einer Fernsehansprache und der Anordnung eines Staatsbegräbnisses wendete sie schließlich die Stimmung der Briten (verfilmt in «Die Queen» mit Helen Mirren, 2007 Oscar-preisgekrönt).

Eugenie, Kaiserin der Franzosen

Geb. 5.5. 1826 in Granada
Gest. 11.7. 1920 in Madrid

Die Tochter des Conde (Grafen) de Teba y de Montijo wurde mit ihrer Schwester in Paris erzogen, wo sie Napoleon III. begegnete, dem Neffen des Kaisers Napoleon I. Dieser war im Jahr zuvor durch Volksentscheid Kaiser der Franzosen geworden. Der 40-jährige Frauenheld suchte eine Gemahlin aus dem europäischen Hochadel, wurde aber als Emporkömmling überall abgewiesen. Eugenie, 26 Jahre, und Napoleon verliebten sich schließlich und heirateten am 30. 1. 1853, wobei die Presse sich über die «unstandesgemäße» Verbindung zu einer spanischen Grafentochter mokierte. Am 15. 3. 1856 kam – nach vielen Fehlgeburten – der Kronprinz Napoleon Louis zur Welt, doch die Ärzte erklärten Eugenie, sie dürfe keine weiteren Kinder mehr bekommen. Der Gemahl nahm sein Leben als Schürzenjäger wieder auf, während die Kaiserin mit Charme ihre Repräsentationspflichten erfüllte. Während der Abwesenheit des Kaisers nahm sie mehrfach die Position der Regentin ein. Ihre konservative, kirchenfreundliche Einstellung machte sie unbeliebt, auch drängte Eugenie zum Krieg gegen Deutschland (1870/71), der verloren ging. Die Familie musste ins Exil nach England, wo Napoleon III. bald starb. Eugenies Sohn fiel 1879 im Kolonialkrieg Englands gegen die Zulus in Südafrika. Noch lange Jahrzehnte lebte die Ex-Kaiserin, von der Politik zurückgezogen, aber als reiselustige und technischen Neuerungen gegenüber aufgeschlossene alte Dame. Mit 80 Jahren bestieg sie den Vesuv; mit 94 starb sie kurz nach einer Augenoperation.

Ella Fitzgerald

Geb. 25. 4. 1917 in Newport News (Virginia)
Gest. 15. 6. 1996 in Beverly Hills

Sie war eine der berühmtesten Jazzsängerinnen aller Zeiten und die Schöpferin des Bop-Scat (rhythmische Vokalise im Bebop-Stil). Ihre Stimme umfasste drei Oktaven und wurde in unglaublicher Bandbreite eingesetzt. Ella Fitzgeralds Gefühl für Rhythmus und Swing war ebenso legendär wie ihre Art, sich auf stilistisch unterschiedliche Musikerkollegen einstellen zu können. Die 13-malige Grammy-Gewinnerin kam aus kleinen Verhältnissen. Die Eltern trennten sich kurz nach ihrer Geburt, 1932 starb die Mutter bei einem Autounfall. Ihr Debüt gab die 17-jährige Ella im Apollo Theatre in Harlem bei einem Amateurkonzert, wo der Bandleader Chick Webb sie entdeckte. Nach dessen Tod 1939 übernahm Ella sein Orchester, bis sie ab 1942 eine Solokarriere einschlug. Sie arbeitete mit allen Berühmtheiten des Jazz zusammen (wie z. B. Hampton, Gillespie, Ellington) und verkaufte mehr als 40 Millionen Tonträger. Ella Fitzgerald sang bewegende Liebeslieder, doch ihr eigenes Privatleben verlief eher traurig. Die erste Ehe mit Benny Kornegay, der sich als Drogenhändler entpuppte, dauerte von 1941 bis 1943. 1947 heiratete sie den Bassisten Ray Brown und adoptierte mit ihm ihren Neffen. 1953 endete auch diese Ehe durch Scheidung. Die Sängerin litt an Diabetes und musste sich 1993 einer Amputation beider Beine unterziehen. Drei Jahre später starb sie mit 79 Jahren.

Dian Fossey

Geb. 16. 1. 1932 in San Francisco
Gest. 27. 12. 1985 im Karisoke Research Centre, Ruanda

Fossey, die eine unglückliche Kindheit verlebte, war zunächst Ergotherapeutin am Kinderhospital in Louisville (Kentucky). 1963 reiste sie nach Ostafrika, wo sie den Anthropologen Louis Leakey kennenlernte. Er sponserte Fosseys Langzeitstudie über das Verhalten der Berggorillas in Zaire und Ruanda. Allmählich ließen die Tiere die Forscherin an ihrem Leben teilhaben, sodass Fossey einzigartige Erkenntnisse gewinnen konnte. Mit 44 Jahren promovierte sie in Cambridge. Durch Dokumentarfilme, Zeitschriftenartikel und ihr Buch «Gorillas in the mist» wurde ihre Arbeit weltbekannt. Fossey rieb sich im Kampf gegen Wilderer und um die Erhaltung des Nationalparks völlig auf, machte sich durch ihre kompromisslose Haltung auch unter Kolleg/-inn/en viele Feinde. Auch ihr Privatleben verlief wenig harmonisch: Die Partner verließen die exzentrische Frau, die oft depressiv war und Alkohol und Tabletten konsumierte. An einer Abtreibung wäre sie fast gestorben. Schließlich fand man Fossey in ihrer Waldhütte mit eingeschlagenem Schädel – der Mörder wurde nie gefasst. Möglicherweise beseitigte man die Forscherin, weil sie die touristische und finanzielle Ausbeutung der Berggorillas verhindern wollte. Ihr Schicksal wurde unter dem Titel «Gorillas im Nebel» mit Sigourney Weaver in der Hauptrolle eindrucksvoll verfilmt.

Anna Freud

Geb. 3. 12. 1895 in Wien
Gest. 8. 10. 1982 in London

Das jüngste der sechs Kinder des Begründers der Psychoanalyse, Sigmund Freud, wurde dessen Mitarbeiterin und führte später das Werk des Vaters fort. Sie half ihm, seinen Alltag zu organisieren, wirkte als seine Sekretärin und Assistentin und vertrat ihn auf Kongressen. Als Freud an Krebs erkrankte, pflegte sie ihn bis zum Tod (1939). Anna war zunächst Volksschullehrerin, wandte sich dann aber vor allem der Behandlung von Kindern zu – einem von ihrem Vater vernachlässigten Gebiet – und wirkte wegweisend auf dem Gebiet der Kinderpsychoanalyse. Mehrere Bücher aus ihrer Feder gelten noch heute als Standardwerke zu diesem Thema, ebenso wie «Das Ich und die Abwehrmechanismen» (1936). Zwei Jahre nach dem Erscheinen dieses Buches floh die jüdische Familie Freud vor den Nationalsozialisten nach England. In London gründete Anna ein Werk für Kriegswaisen, woraus die Hampstead-Klinik für Kinder und das Lehrinstitut für Kindertherapie hervorgingen. Auf Vortragsreisen und Kongressen war die vielfach Geehrte eine gern gehörte Kapazität. Anna Freuds Lebens- und Arbeitsgefährtin war seit 1925 die vier Jahre ältere Amerikanerin Dorothy Burlingham-Tiffany, die aus ihrer 1921 geschiedenen Ehe vier Kinder mitbrachte und als Millionärin finanziell sorglos dastand (sie stammte aus der Juweliers-Künstler-Familie Tiffany). Das Paar stritt jeden Verdacht einer lesbischen Verbindung ab. Dorothy starb 1979, Anna 1982 in London.

Indira Gandhi

Geb. 19. 11. 1917 in Allahabad
Gest. 31. 10. 1984 in Neu-Delhi

Als einzige Tochter des späteren indischen Premierministers Nehru verlor Indira früh ihre lungenkranke Mutter Kamala, die sie lange pflegte. Der Vater ermöglichte ihr Studien an indischen wie europäischen Universitäten. Seit 1937 war Indira Mitglied der Kongress-Partei und begleitete Nehru auf seinen Reisen. 1942 heiratete sie den Journalisten Feroze Gandhi. Zwei Söhne wurden geboren, Sanjay und Rajiv. Das Ehepaar trennte sich später im Stillen; Feroze starb 1960. Vier Jahre später wurde Gandhi Ministerin im Kabinett Shastri, am 18. 1. 1966 schließlich Premierministerin von Indien. Innenpolitisch stand sie vor fast unlösbaren Problemen. Indien ist ein Gemisch aus Religions- und Kulturgruppen, das unter Korruption, Überbevölkerung und Kastendenken leidet. Weltpolitisch blieb das Land unter Nehrus wie Gandhis Führung blockfrei und neutral. Im Sommer 1975 beschuldigte man Indira Gandhi der Wahlfälschung; das Hohe Gericht von Allahabad sprach sie der unrechtmäßigen Nutzung des Regierungsapparates für Parteizwecke schuldig und schloss sie für sechs Jahre von der Wahlkandidatur aus. Daraufhin setzte Gandhi Notstandsgesetze in Kraft, die ihr eine fast unbeschränkte Machtfülle verliehen. 1977 verlor sie die Wahl, kehrte aber schon 1980 in das Amt der Ministerpräsidentin zurück. 1984 brachen im Bundesstaat Punjab Unruhen zwischen Hindus und Sikhs aus. Im Goldenen Tempel von Amritsar verbarrikadierte sich eine militante Sikh-Gruppe, Frau Gandhi ließ das Heiligtum am 4. 6. stürmen, wobei über 1000 Menschen umkamen. Wenige Wochen später wurde sie von ihren eigenen Leibwächtern, zwei Sikhs, aus Rache erschossen. Ihr Nachfolger wurde der Sohn Rajiv, dessen Bruder Sanjay 1980 bei einem Flugzeugabsturz gestorben war. In 22 Flüsse schüttete man nach der traditionellen Verbrennung die Asche dieser ungewöhnlichen Frau.

Greta Garbo

Geb. 18.9. 1905 in Stockholm
Gest. 15.4. 1990 in New York

«Die Göttliche» wurde mit nur 27 Filmen zu einer der berühmtesten Schauspielerinnen überhaupt und galt einige Zeit als schönste Frau der Welt. Durch ihre konsequent gelebte Zurückgezogenheit und frühen Abschied vom Film mit 36 Jahren entstand ein Mythos um ihre Person. Als drittes Kind einer armen Arbeiterfamilie kam Greta Lovisa Gustafsson in Stockholm zur Welt. Nach dem frühen Tod des Vaters musste die 14-Jährige Geld verdienen. Während ihrer Zeit als Verkäuferin in einem großen Warenhaus wurde sie zunächst als Fotomodell entdeckt, dann für Werbefilme eingesetzt. Schließlich erhielt Greta, die vom Theater träumte, einen der begehrten Ausbildungsplätze an der Königlichen Schauspielschule. Der berühmte Regisseur Stiller verpflichtete sie für den Film «Gösta Berling», mit dem Greta, die ihren Namen in «Garbo» änderte, europaweit bekannt wurde (1924). Stiller avancierte zum Mentor der jungen Frau, forderte und förderte sie. Hollywood wurde aufmerksam und lud die beiden ein. Während Stiller in Amerika scheiterte und verbittert starb, formte MGM (Metro Goldwyn Mayer) die Garbo zum Superstar. Diätetiker, Kosmetiker und Modeschöpfer kamen dabei zum Einsatz. Auch die Probe des Tonfilms bestand die Garbo schließlich. Da ihr Englisch gut, aber nicht akzentfrei war, wurden ihr von da an nur noch Rollen als Ausländerin gegeben. Ein qualitativer Höhepunkt wurde die Komödie «Ninotschka» (Ernst Lubitsch, 1939). Mit der Presse stand die Schauspielerin auf Kriegsfuß. Sie gab nichts über sich preis – das wäre angesichts ihrer Bisexualität beruflicher Selbstmord gewesen. Nach dem Misserfolg «Die Frau mit den zwei Gesichtern» (1941) drehte Garbo nie wieder, obwohl es einige Comebackversuche gab. Jahrzehntelang verkehrte sie nun in der High Society, lebte von ihrem großen Reichtum und versteckte sich bis zum Tod vor der Öffentlichkeit.

Steffi Graf

Geb. 14.6.1969 in Mannheim

Stefanie Maria Graf, liebevoll Steffi genannt, zählt zu den besten Tennisspielerinnen aller Zeiten. In der ewigen Bestenliste steht sie hinter Martina Navratilova und Chris Evert auf Platz 3. Im Verlauf ihrer Profikarriere errang sie 107 Turniersiege und gewann allein siebenmal in Wimbledon. Schon mit drei Jahren zeigte das in Brühl aufgewachsene Mädchen sein Talent. Der Vater Peter Graf, ein diplomierter Tennistrainer, förderte dies geschickt. Ab 1979 widmete er sich sogar ganz dieser Aufgabe, überzeugt vom Können der Tochter. Steffi wurde bereits 13-jährig erstmals als Profi gemeldet und machte rasch in der Weltrangliste auf sich aufmerksam, vor allem durch ihre schnelle Beinarbeit und die überaus hart geschlagene Vorhand. Mit erst 16 Jahren besiegte sie die Tennislegende Navratilova. 1987 kam dann der große Durchbruch: Steffi Graf wurde Nummer 1 der Weltrangliste – eine Position, die sie insgesamt über 377 Wochen belegen sollte. Ein Jahr später gelang ihr der «Golden Slam»: Graf gewann alle vier Grand-Slam-Turniere sowie die Goldmedaille bei den Olympischen Spielen im Tennis-Einzel. Ab 1990 erwuchs ihr in der gebürtigen Jugoslawin Monica Seles eine ernst zu nehmende Gegnerin, die aber 1993 nach einem Attentat zwei Jahre pausierte. Steuerhinterziehungen ihres Vaters sowie diverse Verletzungsprobleme bewirkten schließlich, dass die Ausnahmesportlerin die Führung der Weltrangliste an die aufstrebende Schweizerin Martina Hingis verlor. 1999 zog sich Steffi Graf vom Profitennis zurück. Sie heiratete 2001 den amerikanischen Top-Tennisspieler André Agassi und gründete mit ihm eine Familie. Sehr engagiert ist die Sportlerin für die von ihr gegründete Stiftung «Children for tomorrow» zugunsten traumatisierter Kinder. Die private Steffi Graf wird als nachdenklicher, wissensdurstiger und hilfsbereiter Mensch beschrieben.

Hatschepsut

Geb. um 1504 v. Chr.
Gest. um 1458 v. Chr.

Eine der wenigen Frauen, die die Herrschaft als regierender Pharao Ägyptens ausübten, war Hatschepsut. Sie kam als Tochter des Königs Thutmosis I. und seiner Gemahlin Ahmose zur Welt. Sie wurde mit ihrem Halbbruder Thutmosis II. verheiratet und hatte eine Tochter namens Nofrure mit ihm. Doch Hatschepsuts Mann starb jung und hinterließ einen dreijährigen Sohn namens Thutmosis, der nun den Thron erben sollte. Hatschepsut als dessen Tante und Stiefmutter übernahm die Regentschaft. Nachdem sie sich das Wohlwollen der einflussreichen Amun-Priesterschaft gesichert hatte, wurde sie selbst zum Pharao ausgerufen. Zunächst ließ sich Hatschepsut als Frau darstellen, doch um der besseren Akzeptanz willen zeigten Reliefs und Statuen sie schließlich mit Zeremonialbart und ohne weibliche Formen. Die tüchtige Regentin bescherte ihrem Land eine Zeit des Friedens und wirtschaftlicher Blüte. Allerdings unternahm sie insgesamt sechs Strafexpeditionen gegen unbotmäßige Vasallen, wobei sie teilweise selbst das Heer anführte. Hatschepsut rüstete eine Expedition in das Land Punt aus. Detailgenaue Reliefs in ihrem Totentempel erzählen von dem wagemutigen Unternehmen und schildern die fremden Tiere und Pflanzen, die die Ägypter heimbrachten. Elegant und eigenwillig ist der berühmte Totentempel der Herrscherin in Deir-el-Bahari, als dessen Architekt Senenmut gilt. Dieser Mann spielte eine bedeutende Rolle am Hof und hatte sich aus kleinen Anfängen emporgearbeitet. Er war der Erzieher der kleinen Prinzessin Nofrure, außerdem Ratgeber und Vermögensverwalter Hatschepsuts. Senenmuts Sturz und geheimnisvolles Verschwinden geben Rätsel auf; warum er in Ungnade fiel, ist nicht bekannt. Nach 22 Jahren Regierungszeit starb Hatschepsut. Jahrzehnte nach ihrem Tod wurden viele ihrer Darstellungen zerstört und ihr Name getilgt. Wer dafür verantwortlich zeichnet und warum, ist umstritten. Die Mumie Hatschepsuts wurde 2007 in Kairo zweifelsfrei identifiziert.

Helena, heilige Kaiserin

Geb. um 257 n. Chr. in Drepanon, Bithynien (heute: Karamürsel)
Gest. um 337 n. Chr. in Nikomedia (heute: Izmit)

Kaiserin Helena wird von der katholischen wie der orthodoxen Kirche als Heilige verehrt. Sie ist bekannt als Mutter Konstantins I., der als erster römischer Kaiser das Christentum begünstigte und sich auf dem Sterbebett taufen ließ. Sie gilt als Stifterin zahlreicher Kirchen. Flavia Iulia Helena kam aus einfachen Verhältnissen und führte eine Schankwirtschaft in Naissus (heute: Nisch in Serbien), wo sie den römischen Offizier Constantius Chlorus kennenlernte und seine Lebensgefährtin wurde. Etwa um das Jahr 272 kam der gemeinsame Sohn Konstantin zur Welt. Als Constantius 293 als Caesar in die Tetrarchie des Diokletian aufgenommen wurde, schien es ihm opportun, eine Stieftochter des Kaisers Maximian zu heiraten, Theodora. Helena lebte seit 306 am Hof ihres Sohnes und ließ sich im Jahr 312 zum Christentum bekehren. Zur selben Zeit besiegte Konstantin, der nach dem Tod des Vaters (306) von dessen Heer zum Herrscher ausgerufen worden war, seinen Gegner Maxentius und führte später die absolute Alleinherrschaft wieder ein. Helena war ziemlich skrupellos und mischte dabei mit, ihr missliebige Personen zu beseitigen. Ebenso war sie an der Affäre beteiligt, während der Konstantin seinen Sohn Crispus und seine Gemahlin Fausta töten ließ. Gleichzeitig jedoch war Helena großzügig gegenüber Bedürftigen und unternahm als 76-Jährige eine Pilgerfahrt ins Heilige Land. Ihre Auffindung des «wahren Kreuzes» ist eine um 350 entstandene Legende. Helenas Mausoleum an der Via Labicana in Rom ist als Ruine erhalten; ihr prächtiger Porphyrsarkophag steht in den Vatikanischen Museen. Die Gebeine der Heiligen ruhen seit dem Mittelalter in der Kirche Ara Coeli auf dem Kapitol. Erst seit dem 9. Jahrhundert wird der 18.8. als Gedenktag Helenas gefeiert.

Audrey Hepburn

Geb. 4.5. 1929 in Brüssel
Gest. 20. 1. 1993 in Tolochenaz bei Lausanne

Audrey Kathleen van Heemstra Hepburn-Ruston war das Kind des britischen Bankiers Joseph Hepburn-Ruston und der niederländischen Baronin Ella van Heemstra. Aus der ersten Ehe der Mutter mit einem holländischen Adeligen hatte sie noch zwei Halbbrüder. Die Eltern ließen sich 1935 scheiden; Audrey blieb bei ihrer Mutter in Arnhem und erlebte dort den Zweiten Weltkrieg. Not und Entbehrungen dieser Zeit hatten lebenslange Auswirkungen auf ihre Gesundheit. Sie studierte am Konservatorium für Musik und Tanz, dann Ballett in London. Colette wünschte, dass die junge Frau 1951 die Hauptrolle in ihrem neuen Stück «Gigi» übernahm. Bald darauf spielte sie in Hollywood-Produktionen mit und bekam 1953 für ihre Rolle in «Ein Herz und eine Krone» den Oscar. Ohne je Schauspielunterricht genommen zu haben, überzeugte Hepburn an der Seite von Filmpartnern wie Humphrey Bogart, Gregory Peck, Fred Astaire und Gary Cooper. Ihr berühmtester Film wurde «Frühstück bei Tiffany» (1961). 1956 heiratete sie Mel Ferrer, mit dem sie in «Krieg und Frieden» gespielt hatte. Das Paar bekam einen Sohn namens Sean, doch die Ehe verlief zunehmend unglücklich und wurde 1968 geschieden. Ein Jahr später heiratete die 40-Jährige den zehn Jahre jüngeren italienischen Psychiater Andrea Dotti und ließ sich in Rom nieder. Sohn Luca wurde 1970 geboren. Auch diese Verbindung scheiterte. Seit 1980 lebte Hepburn, die seit 1968 nur noch gelegentlich drehte, mit dem holländischen Schauspieler Robert Wolders zusammen. Dieser begleitete sie bei ihrer neuen Aufgabe: Seit 1988 reiste Hepburn unermüdlich als UNICEF-Sonderbotschafterin in Elendsgebiete und sammelte auf Wohltätigkeitsveranstaltungen Spenden für die dort betreuten Projekte. Mit nur 63 Jahren starb Audrey Hepburn an Krebs in ihrem Schweizer Wohnsitz.

Hildegard von Bingen

Geb. im Jahr 1098 in Bermersheim bei Alzey (?)
Gest. 17.9. 1179 im Kloster Rupertsberg

Eine vielseitige Frau: Hildegard war Äbtissin und mystisch begnadete Visionärin, Schriftstellerin und Komponistin, Naturforscherin und Heilerin. Ihre Eltern Hildebert und Mechthild von Bermersheim gehörten dem Adel an. Als letztes von zehn Kindern geboren,

wurde Hildegard von ihnen für das Kloster bestimmt. Die 8-Jährige, die schon damals Visionen hatte, wurde Jutta von Sponheim zur Erziehung anvertraut und zog mit ihr 1112 in eine Klause auf dem Disibodenberg bei Odernheim, wobei sie die Gelübde des Benediktinerinnenordens ablegte. Durch regen Zulauf entwickelte sich eine Frauengemeinschaft, zu deren Oberin Hildegard mit 38 Jahren gewählt wurde. Ab 1141 zeichnete die Mystikerin ihre Visionen in Latein auf, der hl. Bernhard von Clairvaux legte die Schriften 1147 Papst Eugen III. vor, der Hildegards Sehergabe offiziell autorisierte. In «Scivias», 1151 vollendet, gingen Theologie, Kosmologie und Anthropologie eine einzigartige Verbindung ein. Die Äbtissin pflegte umfangreichen Briefwechsel, verfasste heilkundliche Schriften, komponierte 77 Kirchenlieder und ein geistliches Singspiel. 1150 zog die Schwesterngemeinschaft in ein größeres Kloster auf dem Rupertsberg bei Bingen um. Seit 1165 leitete Hildegard auch ein Kloster in Eibingen bei Rüdesheim. Trotz ihrer stets kränklichen Konstitution unternahm sie Predigtreisen nach Franken, Schwaben und an den Niederrhein. Ihre Abkunft aber vergaß die Äbtissin nie: In ihre Klöster durften ausschließlich Adlige eintreten. Hildegard erreichte das für mittelalterliche Menschen erstaunliche Alter von 81 Jahren.

Isabella I. von Kastilien

Geb. 22.4. 1451 in Madrigal de las Altas Torres
Gest. 26. 11. 1504 in Medina del Campo

Isabella stammte aus der zweiten Ehe des Königs Juan II. von Kastilien mit Isabella von Portugal. Im Alter von 18 Jahren vermählte sie sich mit Ferdinand von Aragon und schuf damit die Grundlage für ein vereintes spanisches Königreich. Zunächst jedoch blieben beide auf ihrem Territorium souveräne Herrscher. Die Regierung Kastiliens übernahm Isabella, indem sie 1474 nach dem Tod ihres Halbbruders, König Heinrichs IV., dessen Erbin und einzige Tochter Juana beiseiteschob und selbst den Thron bestieg. In der Schlacht von Toro besiegte sie 1476 die Portugiesen, die die unglückliche Juana unterstützt hatten. Ab 1479 regierten Isabella und Ferdinand gemeinsam. Eines ihrer erklärten Ziele war die Wiedereroberung (Reconquista) der maurisch besetzten Gebiete, die schließlich auch gelang. Mit unerhörter Konsequenz und Brutalität ging man sodann gegen die Juden vor: Wer sich nicht taufen ließ, wurde aus Spanien vertrieben; das gleiche Prinzip wurde 1502 gegen alle Mauren, die Muslime bleiben wollten, angewandt. Wirtschaft und Wissenschaft des Reiches erlitten dadurch große Einbußen, doch Papst Sixtus IV. zeichnete das Paar mit dem Titel «Katholische Könige» aus. Ferner wurde die Inquisition eingerichtet, die Glaubensabtrünnige aufspüren und bestrafen sollte und jahrhundertelang gefürchtet war. Isabella setzte sich aber auch für Kolumbus ein, als dieser Geldgeber für seine geplante Indien-Expedition suchte. Dass der Admiral dabei 1492 den Kontinent Amerika entdeckte, bildete später den Grundstein zum spanischen Weltreich. Die Investition lohnte sich, sobald das Gold der eingeborenen Völker nach Europa zu fließen begann. Das Monarchenpaar zog reisend zwischen diversen Residenzen umher. Isabella sah über Ferdinands notorische Untreue hinweg. Ihnen wurden fünf Kinder geboren. Der einzige Sohn Juan verstarb jedoch kurz nach seiner Hochzeit im Jahr 1497. Isabella starb erst 53-jährig und wurde im Dom zu Granada beigesetzt. Ihre Nachfolge trat ihre Tochter Juana (Johanna die Wahnsinnige) an.

Jeanne d'Arc

Geb. 6. 1. 1412 (?) in Domremy
Gest. 30. 5. 1431 in Rouen

Die Jungfrau von Orléans ist Frankreichs Nationalheilige. Ihr kurzes Leben hat bis heute viele Dichter, Maler, Bildhauer, Dramatiker (z. B. Schiller, Shaw, Brecht) und schließlich Filmproduzenten inspiriert.

Jeanne wuchs als eines von zahlreichen Kindern des Bauern und Ortsvorstehers Jacques d'Arc und seiner Frau Isabelle Romée in Lothringen auf. Als Kind erlebte sie bereits die Schrecken des Krieges. Wie die meisten Menschen ihrer Schicht blieb sie Analphabetin, verfügte aber über Intelligenz und Witz. Mit etwa zwölf Jahren hatte Jeanne erstmals Visionen, bei denen sie drei Heilige zu erkennen glaubte. Deren «Stimmen» drängten sie schließlich, dem König zu helfen und das in Not geratene Frankreich zu retten – möglicherweise entstanden durch den brennenden Wunsch, dem Kriegselend gegen jede Wahrscheinlichkeit selbst ein Ende machen zu können. Ohne Wissen der Eltern brach Jeanne auf, gewann Anhänger und erreichte den noch ungekrönten Karl VII. in Chinon, den sie von ihrer Sendung überzeugte. Sie wurde ausgerüstet und dem Heer zugeteilt, das die belagerte Stadt Orléans schließlich befreite (1429). Sodann kämpfte man den Weg nach Reims frei, wo Karl VII. in ihrer Anwesenheit gekrönt wurde. Als die Jungfrau diesem lästig wurde, weil er eine neue politische Richtung einschlug, bekam sie ihr erstes eigenes Kommando und scheiterte prompt. Bei Compiègne von Burgundern gefangen genommen, lieferte man Jeanne an die Engländer aus. In dem gegen sie veranstalteten Schauprozess wehrte sie sich klug und mutig. Man warf ihr Hexerei vor sowie das Tragen von Männerkleidern. Sie wurde zum Tod verurteilt und nach kurzzeitigem Widerruf auf dem Marktplatz von Rouen lebendig verbrannt. Karl VII. ließ erst 25 Jahre später das Urteil in einem Rehabilitationsprozess aufheben. Die katholische Kirche sprach Jeanne d'Arc 1909 selig, 1920 heilig.

Janis Joplin

Geb. 19. 1. 1943 in Port Arthur, Texas
Gest. 4. 10. 1970 in Los Angeles

Keine Weiße sang jemals den Blues so wie sie. Janis Joplins früher, tragischer Tod trug zur Legendenbildung bei. Die Sängerin stammte aus einem gutbürgerlichen Elternhaus – der Vater arbeitete bei der Ölgesellschaft Texaco – und war die Älteste von drei Geschwistern. Schon in der Kindheit entdeckte Janis ihr Interesse an Malerei, Poesie und Musik. Nach dem Schulabschluss 1960 zog sie von daheim fort, um eine Sangeskarriere anzustreben. In Los Angeles trat sie zunächst in Clubs und Kneipen auf. 1966 ging sie nach San Francisco, wo die Band «Big Brother and The Holding Company» gerade eine neue Sängerin suchte. Mit dieser Gruppe gelang ihr der kommerzielle Durchbruch. Beim Monterey Festival 1967 umjubelt, kam es zum ersehnten Plattenvertrag. 1968 gründete Joplin eine größere Band aus professionellen Musikern, die «Kozmic Blues Band». Gemeinsam traten sie 1969 beim legendären Woodstock Festival auf, trennten sich aber Anfang 1970. Noch einmal versuchte es Janis Joplin mit neuen Musikern und wurde mit «Full Tilt Boogie» sehr erfolgreich. Songs wie «Me and Bobby McGee», das von Kris Kristofferson stammt, «Piece of my heart» oder «Mercedes Benz» haben ihre Frische bis heute nicht verloren. Doch die Sängerin war ein innerlich zerrissener, selbstzerstörerisch lebender Mensch und hatte immer größere Probleme mit Drogen und Alkohol. Während der Schulzeit als dick und hässlich verspottet, hatte sie nie größeres Selbstbewusstsein entwickelt. Ihre Beziehungen zu Männern wie Frauen verliefen unglücklich. Einsamkeit und Verzweiflung verliehen ihrer Stimme das unverwechselbar Authentische. Der Preis dafür war hoch. Mit nur 27 Jahren starb Janis Joplin in einem Hotelzimmer an einer Überdosis Heroin und wurde neben Jim Morrison und Jimi Hendrix zur symbolhaften Kultfigur der Hippiezeit.

Josephine, Kaiserin von Frankreich

Geb. 23.6. 1763 Trois-Ilets, Martinique
Gest. 29.5. 1814 Malmaison

Marie Josephe Rose Tascher de la Pagerie wurde als Tochter adliger französischer Plantagenbesitzer auf Martinique geboren. Ihre recht einfache Bildung erwarb sie in einer Klosterschule der Insel, bevor sie 15-jährig eine Vernunftehe eingehen musste. Für die Heirat mit dem Grafensohn Alexandre de Beauharnais zog Josephine, wie Napoleon sie später nennen würde, nach Frankreich. Die Ehe mit dem schulmeisterlichen Alexandre war unglücklich, dennoch kamen zwei Kinder zur Welt: Eugene (1781) und Hortense (1783). Während der Französischen Revolution wurde Alexandre guillotiniert, Josephine entkam der Hinrichtung mit knapper Not. Bald wurde sie die Lebensgefährtin des Politikers Barras. 1795 tauchte in ihrem eleganten Salon General Napoleon Bonaparte auf, der sich in Josephine verliebte. Gegen den Willen seines korsischen Familienclans ehelichte er die sechs Jahre ältere Witwe, die ihrerseits einen Versorger suchte. Gleich nach der Trauung zog Napoleon wieder ins Feld. Belastend für die Ehe war die anhaltende Kinderlosigkeit, denn Napoleon, der sich 1804 selbst zum Kaiser krönte, wollte eine neue Dynastie begründen. Josephine, die sich für Botanik, Kunst und Mode interessierte, schuf in Malmaison einen Garten mit Rosenzüchtungen und wurde zur Stilikone ihrer Zeit. 1809 musste sie aus Staatsräson einer habsburgischen Prinzessin weichen, die Napoleon den ersehnten Sohn schenkte. Mit großzügiger Apanage versehen, zog sich Josephine nach Malmaison zurück. Bei einem Spaziergang zog sich die Ex-Kaiserin eine Lungenentzündung zu, an der sie 50-jährig verstarb.

Frida Kahlo

Geb. 7.7. 1910 in Coyoacàn
Gest. 13.7. 1954 in Coyoacàn

Frida Kahlo, heute eine der bekanntesten Malerinnen der Welt, wehrte sich stets dagegen, ihre symbolhafte Bildsprache dem Surrealismus zuzuordnen. In mehr als 200 Gemälden machte sie die Ereignisse ihrer Zeit, die indianische Mythologie ihrer Heimat und ihr eigenes tragisches Leben zur Grundlage ihres Werkes. Ihr Vater war ein aus Deutschland eingewanderter jüdischer Fotograf, die Mutter Mexikanerin. Frida wuchs mit fünf Geschwistern auf. 1925 überlebte sie mit schwersten Verletzungen ein Busunglück. Die Folgen waren lebenslange Schmerzen, die oft nur mit Alkohol oder Drogen zu ertragen waren, sowie insgesamt 32 Operationen. Auf dem Krankenlager entdeckte Frida ihre Begabung für Malerei. Ihre Kunst wurde zum Zeugnis ungeheuren Überlebenswillens. Wohl kaum eine Frau außer Paula Modersohn-Becker hat so viele Selbstbildnisse hinterlassen. In den Kreisen der Kommunistischen Partei, für die sie sich begeisterte, traf sie den Maler Diego Rivera, einen chaotisch-genialen Menschen, der wie sie geprägt von den Idealen der mexikanischen Revolution war. 1929 heirateten die beiden. Die Beziehung mit dem untreuen Mann verlief stürmisch; nach einer Scheidung ging Frida erneut die Ehe mit ihm ein. Allerdings revanchierte sie sich nun mit Geliebten beiderlei Geschlechts, u. a. Leo Trotzki, den die Riveras 1937 nach seiner Flucht aus der UdSSR beherbergten. Fridas größter Wunsch – ein Kind von Diego – ging nie in Erfüllung. Auch dies suchte sie künstlerisch zu verarbeiten. Die erste Einzelausstellung ihrer Bilder erfolgte 1938 in den USA. 1943 erhielt Frida, deren Gesundheit unaufhaltsam verfiel, einen Lehrstuhl an der Schule für Malerei und Skulptur in Mexiko. Eine Beinamputation warf die Entkräftete völlig nieder; sie starb mit 44 Jahren. Ihr Haus ist heute ein Museum, ihr Lebensschicksal wurde 2003 von und mit Salma Hayek grandios verfilmt.

Katharina II. die Große

Geb. 2.5. 1729 in Stettin
Gest. 17. 11. 1796 in Sankt Petersburg

Eine Prinzessin aus einem kleinen, unbedeutenden Fürstentum erringt die Alleinherrschaft über ein Riesenreich: Das ist die Geschichte der Sophie Augusta Friederike von Anhalt-Zerbst, die zum orthodoxen Glauben übertrat, fortan Katharina hieß und Zarin von Russland wurde. Als Kind wurde sie ihres Geschlechtes wegen zurückgesetzt – eine sehr prägende Erfahrung. Der Enge der Heimat entfloh Sophie durch den Antrag des russischen Thronfolgers Peter, der sie 1745 heiratete. Doch die Ehe wurde sehr unglücklich. 1762 bestieg Peter III. Russlands Thron, wurde aber Monate später abgesetzt und ermordet. Als Katharina II. ließ sich seine Witwe krönen und belohnte alle, die ihren Staatsstreich unterstützt hatten. Sie gab vor, für den minderjährigen Sohn Paul zu regieren, hielt diesen aber auch als Erwachsenen von der Macht fern. Katharina wollte ein großes Reformwerk beginnen, konnte es aber nicht vollenden, da sie auf die Unterstützung des Adels angewiesen war. Russland erlebte unter ihr den Höhepunkt seiner politischen Macht: Die Krim sowie die nördliche Schwarzmeerküste wurden erobert, und bei den polnischen Teilungen (1772, 1793 und 1795) gewann das Reich große Gebiete hinzu. Katharina ließ ihre neue Heimat vermessen und kartografieren, setzte umfangreiche Verwaltungsreformen in Gang und trat auch als Förderin der schönen Künste auf. Sie korrespondierte mit den Geistesgrößen der Zeit. Doch ihre Kritiker strafte sie mit Gefängnis oder Verbannung. Der von ihrer Vorgängerin abgesetzte Zar Iwan VI. wurde in Isolationshaft gehalten und bei einem Befreiungsversuch umgebracht. Gnadenlos ließ die Zarin den Volksaufstand unter Führung des Kosaken Pugatschow niederschlagen. Bis ins hohe Alter hielt sich Katharina Geliebte; mit dem exzentrischen Fürsten Potjemkin, dem sie 1775 noch die Tochter Jelisaweta gebar, war sie heimlich verheiratet.

Katharina von Medici

Geb. 13.4. 1519 in Florenz
Gest. 5. 1. 1589 in Blois

Im Alter von vier Wochen Vollwaise, wurde das einzige Kind des Herzogs von Urbino, Lorenzo II. de Medici, und der Madeleine de la Tour d'Auvergne in einem Kloster erzogen und ausgebildet. Papst Clemens VII., ihr Onkel, bestimmte die 14-Jährige zur Ehe mit dem französischen Kronprinzen Heinrich. Am Hof wurde sie verspottet und für nicht ebenbürtig gehalten, ihre reiche Mitgift war dennoch hochwillkommen. Doch ihr Gemahl war einer um 20 Jahre älteren Mätresse hörig, Diane de Poitiers. Lange kämpfte Katharina – bei anhaltender Unfruchtbarkeit – um Heinrichs Liebe. Erst nach zehn Jahren Ehe kamen insgesamt elf Kinder zur Welt. 1547 wurde sie an der Seite ihres Gatten Heinrich II. Königin. Als dieser 1559 bei einem Turnierunfall ums Leben kam, zeigte die lange unterschätzte Frau, was wirklich in ihr steckte. Ihr Sohn Franz II. wurde zum Werkzeug der Mutter, wobei sich Katharina bewusst an die Maximen Machiavellis hielt. Sie herrschte im Hintergrund weiter, als der schwache Karl IX. König wurde. Seit 1562 wurden die Hugenotten im Land angefeindet. Katharina wandte sich gegen deren Führer Coligny, der immer mehr Einfluss auf den jungen Herrscher Karl gewann. Als ihre Politik nicht den gewünschten Erfolg zeigte, machte Katharina sich mitschuldig an der sogenannten Bartholomäusnacht (24. 8. 1572), bei der in Paris mehrere Tausend Protestanten niedergemetzelt wurden. Es war die Nacht nach der Trauung ihrer Tochter Marguerite mit dem Hugenotten Heinrich von Navarra. Zwei Jahre später starb Karl IX., ein weiterer Sohn bestieg als Heinrich III. den Thron. Auch jetzt behielt die ehrgeizige alte Königin die Fäden der Macht in der Hand. Man warf ihr vor, Gegner mit Gift aus dem Weg zu räumen. Persönlich abergläubisch, befragte sie Wahrsager wie Nostradamus ebenso wie ein Heer von Astrologen, hing dabei aber einem ausgeprägten Katholizismus an. Verbittert über ihr Scheitern, starb die Königin mit 70 Jahren. Beigesetzt wurde sie in der Kathedrale Saint Denis an der Seite ihres Gemahls.

Angelika Kauffmann

Geb. 30. 10. 1741 in Chur (Schweiz)
Gest. 5. 11. 1807 in Rom

Sie war eine der erfolgreichsten und berühmtesten Künstlerinnen des 18. Jahrhunderts. Ihre Porträts und Historienbilder wurden überall geschätzt. Als einziges Kind des Malers Joseph Kauffmann und

dessen zweiter Frau Cleopha wurde Angelika durch den Tod der Mutter früh zur Halbwaise. Der Vater erkannte ihr Talent und bildete sie aus. Seit 1763 lebte und arbeitete sie in Rom, ab 1766 in London. Dort avancierte sie zum gesellschaftlichen Mittelpunkt und befreundete sich mit Künstlern wie Reynolds und Gainsborough, die ihren Stil beeinflussten. 1768 gehörte Kauffmann zu den Mitbegründern der British Royal Academy, nachdem sie bereits in Italien in diverse Akademien aufgenommen worden war. Die 26-Jährige vermählte sich 1767 mit einem Heiratsschwindler, einem angeblichen Grafen Horn aus Schweden, der sie um den Großteil ihres Vermögens brachte. Erst nach dessen Tod konnte sie 1781 den 15 Jahre älteren Malerkollegen Antonio Zucchi heiraten, der ihr alle nichtkünstlerischen Arbeiten abnahm und sie in jeder Weise unterstützte. Verschiedene Angebote, Hofmalerin zu werden, schlug Kauffmann selbstbewusst aus. Nach dem Tod des Vaters 1782 zogen die kinderlosen Zucchis nach Rom, wo ihr Haus zu einem kosmopolitischen Ort wurde. Adlige, Gelehrte und Künstler verkehrten dort, Goethe, Winckelmann und viele andere Größen hielten Freundschaft mit Angelika Kauffmann. 1795 wurde sie Witwe und arbeitete bis ins Alter unermüdlich. Mit 66 Jahren starb «der Raffael unter den Frauen» und wurde in der römischen Kirche San Andrea delle Fratte beigesetzt. Ihre Kunst vergaß man bald, doch in der Gegenwart wurde sie neu entdeckt und gewürdigt.

Grace Kelly, später Fürstin Grace von Monaco

Geb. 12. 11. 1929 in Philadelphia (USA)
Gest. 14. 9. 1982 in Monte Carlo (Monaco)

Die Regenbogenpresse hat das Leben der Schauspielerin Grace Patricia Kelly, die durch Heirat Fürstin von Monaco wurde, stets als wahr gewordenes Märchen dargestellt. Als nach ihrem Tod immer mehr Fakten bekannt wurden, die zu diesem Bild nicht passten, herrschte gespielte Empörung im Blätterwald. Grace Kelly kam als drittes von vier Kindern des reichen Bauunternehmers John B. Kelly und seiner Frau Margaret, einer deutschstämmigen Sportlehrerin, zur Welt. Nach der High School besuchte sie 1947–1949 die American Academy of Dramatic Arts in New York und wurde von MGM verpflichtet. Schon mit ihrem zweiten Film «Zwölf Uhr mittags» (1952) gelang ihr der große Durchbruch, 1955 bekam sie den Oscar. Meisterregisseur Alfred Hitchcock drehte mit Kelly, die das Image der kühlen Blonden pflegte, drei Filme. Privat verstand sie es geschickt, ihre Affären mit wechselnden, häufig verheirateten Schauspielkollegen zu verschleiern. Mit dem Modeschöpfer Oleg Cassini, den ihre Familie nicht akzeptierte, war sie verlobt. Bei den Filmfestspielen in Cannes lernte Grace 1955 bei einem Fototermin den Fürsten Rainier III. von Monaco kennen. Die «Märchenhochzeit» der beiden folgte 1956. Da ihr Gemahl das Filmen als unstandesgemäß empfand, musste sie ihre Karriere beenden. Grace engagierte sich fortan auf karitativem Gebiet. Drei Kinder (Caroline, Albert, Stephanie) kamen zur Welt, doch die Ehe mit Rainier war nicht einfach. In den 1980er-Jahren trank sie immer häufiger. 1982 erlag die Fürstin nach einem Autounfall ihren Verletzungen. Beigesetzt wurde sie in der Kathedrale St. Nicholas in Monaco.

Jacqueline Kennedy Onassis

Geb. 28.7. 1929 in Southampton (NY)
Gest. 19.5. 1994 in New York

Als Gattin eines amerikanischen Präsidenten wurde sie zur Stilikone der Mode, später teilte sie das Leben eines der reichsten Männer der Welt: Jacqueline Lee Bouvier wurde als Jackie Kennedy, dann Onassis berühmt. Sie stammte aus einer begüterten Bankiersfamilie. Von 1947 bis 1951 studierte Jackie u. a. an der Pariser Sorbonne Geschichte, Kunst, Literatur, Französisch und sprach insgesamt vier Sprachen. Als Journalistin und Fotografin arbeitete sie beim Washington Times Herald. 1952 lernte sie John F. Kennedy kennen, damals schon ein aufstrebender Politiker. Die Hochzeit fand 1953 statt. Das Paar bekam vier Kinder, von denen zwei nach der Geburt starben. Caroline (1957) und John F. jr. (1960) erlangten später auf eigene Art Berühmtheit. Jackie half ihrem Mann bei seinem Präsidentschaftswahlkampf gegen Richard Nixon, hielt sich aber danach weitgehend aus der Politik heraus. Am 20. 1. 1961 wurde John F. als Präsident der Vereinigten Staaten vereidigt. Jackie zog an seiner Seite als First Lady ins Weiße Haus. Ihre geschmackvolle Garderobe wurde zum Vorbild für Frauen in der ganzen Welt. Doch die Präsidentengattin kümmerte sich auch um die Förderung von Kunst und Kultur. Auch im Ausland bewunderte man Charme und Bildung der jungen Frau. Während eines Wahlkampfbesuchs in Dallas fiel der Präsident einem Attentat zum Opfer, wobei Jackie direkt neben ihm saß. Als die Witwe 1968 wieder heiratete, reagierten die US-Medien sehr negativ. Der neue Gatte war der griechische Milliardär und Großreeder Aristoteles Onassis, 23 Jahre älter als Jackie. Die Wohnsitze waren nun Paris und die griechische Insel Skorpios. Die Ehe kriselte bereits, als Onassis 1975 plötzlich starb. Jackie zog nach New York und arbeitete dort ab 1976 als Verlagslektorin. Ihr neuer Lebensgefährte wurde der Bankier Maurice Tempelsman. Als 64-Jährige erlag sie einer Krebserkrankung und wurde neben ihrem ersten Ehemann in Arlington beigesetzt.

Klara von Assisi

Geb. 16.7. (?) 1194 in Assisi
Gest. 11.8. 1253 in San Damiano bei Assisi

Klara dei Scifi (ital.: Chiara) kam als Tochter des Adligen Favarone di Offreduccio zur Welt und wuchs im Kreis einiger Schwestern auf. Der Vater starb früh. Sie verfolgte den Werdegang des heiligen Franziskus und begeisterte sich für sein Armutsideal. Heimlich verließ die 18-Jährige das Elternhaus und ließ sich 1212 von Franziskus in der Portiunkula-Kirche Ordensgewand und Schleier geben. Als Symbol für ihr neues Leben schnitt dieser Klara auch die langen blonden Haare ab (eine Strähne wird noch in Assisi aufbewahrt). Dies war die Geburtsstunde des Klarissenordens: Bald kamen zahlreiche Nachahmerinnen, darunter Klaras Schwester Agnes, sodass die Frauengemeinschaft San Damiano gegründet werden konnte. Dieser traten später auch Klaras verwitwete Mutter sowie ihre jüngste Schwester Beatrice bei. Die Ordensregeln, die Klara ausarbeitete, waren die ersten von einer Frau für Frauen erstellten. Doch aufgrund ihrer Radikalität ließ die kirchliche Approbation auf sich warten. Papst Gregor IX. wollte den Schwestern feste Einkünfte garantieren, was Klara ablehnte: Sie bestand darauf, völlig besitzlos zu bleiben, um Jesus besser nachfolgen zu können. Erst zwei Tage vor Klaras Tod bestätigte Papst Innozenz IV. die Regel mit ihrem «Privileg der Armut». Für den hl. Franziskus erbaute sie im Garten ihres Klosters eine Schilfhütte, wo dieser seinen berühmten Sonnengesang dichtete (1225). Man rühmte ihr unerschütterliches Gottvertrauen. So ist verbürgt, dass sie zwei mal ein feindliches Heer durch die Kraft des Gebetes von ihrer Vaterstadt fernhielt: 1240, als die Sarazenen Assisi bedrohten, und ein Jahr später, als Kaiser Friedrich II. heranzog. Als sie starb, existierten bereits 70 Klarissenklöster in ganz Europa. Papst Alexander IV. sprach die mit 59 Jahren verstorbene Klara schon zwei Jahre nach ihrem Tod heilig. Ihre unverweste Leiche wird in einem gläsernen Schrein der Kirche Santa Chiara (erbaut 1265) gezeigt.

Kleopatra

Geb. 69 v. Chr. in Alexandria
Gest. 30 v. Chr. in Alexandria

Die letzte Pharaonin Ägyptens, die vergeblich die Unabhängigkeit ihres Landes zu bewahren versuchte, fasziniert bis heute. Seit der Antike beschäftigten sich Maler und Dichter mit ihrem Schicksal. Die Königin gehörte der aus Griechenland stammenden Ptolemäer-Dynastie an, die sich nach dem Tod Alexanders des Großen die Herrschaft über Ägypten gesichert hatte. Sie entsprang der Geschwisterehe zwischen Ptolemäus XII. Auletes und Kleopatra V. Tryphaena. Nach dem Tod des Vaters musste sie sich die Herrschaft mit dem jüngeren Bruder Ptolemäus XIII. teilen, der sie nach Syrien vertrieb. Caesar, der wegen des Krieges gegen Pompeius nach Alexandria kam, setzte sie erneut als Herrscherin ein (47 v. Chr.); die beiden wurden ein Paar. Im selben Jahr gebar Kleopatra ihm einen Sohn namens Kaisarion. Bald folgte die Königin, die weniger durch Schönheit als durch Anmut, Charisma, Intelligenz und Sprachgewandtheit bezauberte, Caesar nach Rom. Nach seiner Ermordung 44 v. Chr. floh Kleopatra zurück in die Heimat. 42 v. Chr. gewann sie den mächtigen Triumvirn Marcus Antonius für sich, der ihretwegen seine Frau – eine Schwester des Octavian (Augustus) – verließ, und gründete mit ihm eine Familie. Doch der spätere Kaiser Augustus war nicht bereit, Caesars Erbe zu teilen. Er erklärte dem Paar den Krieg und siegte in der entscheidenden Seeschlacht bei Actium. Antonius und Kleopatra wählten den Freitod, wobei die Königin sich angeblich von einer giftigen Schlange beißen ließ. Das reiche Ägypten existierte fortan nur noch als römische Provinz weiter; Kleopatras Kinder wurden fast alle getötet. Lange blieb das Charakterbild der Königin verdunkelt, weil viele der erhaltenen Quellen keineswegs neutral über sie berichten, da sie im Sinn des Siegers Augustus beeinflusst sind.

Käthe Kollwitz

Geb. 8.7. 1867 in Königsberg
Gest. 22.4. 1945 in Moritzburg bei Dresden

Kaiser Wilhelm II. mochte ihre «Rinnstein-Kunst» nicht und verhinderte die Auszeichnung ihres Werkes mit einer Goldmedaille. Kollwitz' Werk ist ergreifend: Es thematisiert Wut, Trauer, Armut und Schmerz und macht auf soziale Missstände aufmerksam. Damit wurde sie zu einer der bekanntesten deutschen Künstlerinnen des 20. Jahrhunderts. In Königsberg (Ostpreußen) wuchs Käthe Schmidt als Tochter eines Predigers auf. Die Eltern förderten ihr Talent und ließen sie zuerst an der Künstlerinnenschule Berlin studieren, 1888/89 privat bei Ludwig von Herterich in München. 1891 heiratete Käthe den Armenarzt Karl Kollwitz, der in Berlin am Prenzlauer Berg praktizierte; zwei Söhne wurden geboren. 1898–1903 lehrte sie an der Künstlerinnenschule, die sie einst selbst besucht hatte. 1904 hielt sie sich lange in Paris auf, wo sie Bildhauerei studierte (aber erst 1910 damit begann, Plastiken herzustellen). Der Villa-Romana-Preis ermöglichte Kollwitz, ein Jahr in Italien zu verbringen (1907). Dass der Sohn Peter zu Beginn des 1. Weltkriegs fiel, ließ die Künstlerin zur Pazifistin werden. Als erste Frau wurde sie 1919 Mitglied der Preußischen Akademie der Künste in Berlin und erhielt eine Professur. Von 1928 an leitete sie dort auch das Meisteratelier für Grafik, musste aber 1933 nach der «Machtergreifung» Hitlers zurücktreten und wurde 1936 sogar mit Ausstellungsverbot belegt. 1940 starb ihr Ehemann, kurz darauf fiel der Enkel im Zweiten Weltkrieg. Kollwitz zog 1943 von Berlin nach Nordhausen, 1944 nach Moritzburg bei Dresden. Dort starb die Künstlerin mit 77 Jahren – zwei Wochen vor Ende des Krieges.

Käthe Kruse

Geb. 17.9. 1883 in Breslau
Gest. 19.7. 1968 in Murnau

Katharina Simon kam als nichteheliches Kind des verheirateten Buchhalters Robert Rogaske und der Näherin Christiane Simon zur Welt. Drückende Armut, gesellschaftliche Verachtung und die übergroße Strenge des Vaters verdüsterten ihre Kindheit. Käthe, wie man sie nennt, zog es schon mit 16 zum Theater. Sie wurde Schauspielschülerin und feierte unter dem Namen «Hedda Somin» Erfolge in Berlin. 1902 begegnete sie dem 27 Jahre älteren, gerade geschiedenen Bildhauer Max Kruse. Die beiden verliebten sich und gründeten eine für die Zeitgenossen schockierend unkonventionelle Familie. Zwischen 1902 und 1921 kamen acht Kinder zur Welt, die die Kreativität der Eltern erbten. Erst nach der Geburt des dritten Kindes legalisierte der unstete Kruse die Beziehung durch eine Heirat. Er ermutigte Käthe, all ihre Talente auszuprobieren. So kam sie zum Malen und Schreiben. Da Max die in Läden angebotenen Puppen hässlich fand, bastelte Käthe selbst welche für die Familie. Ein Warenhaus sprach sie an und arrangierte eine Ausstellung, die Begeisterung weckte. Bestellungen gingen ein, bald wurde ein Unternehmen gegründet. 1925 setzte Käthe Kruse den künstlerischen Urheberschutz für ihre Puppen beim Reichsgericht durch. Berühmt wurden vor allem die lebensecht wirkenden, aufwendig gestalteten Spielpuppen mit handgeknüpften Perücken (seit 1929), die später zu Sammelobjekten avancierten. Als Privatmensch wie als Chefin zeichneten sie «Unermüdlichkeit, eine bis zur Penetranz gesteigerte Akribie, überschäumende Vitalität und Herzlichkeit» aus, wie ihr Sohn Max bescheinigt. Nach dem Zweiten Weltkrieg wurde der Firmensitz in Bad Kösen von den DDR-Behörden beschlagnahmt. Die Kruses flohen in den Westen und gründeten in Donauwörth ihr Unternehmen neu. Käthe, seit 1942 Witwe, erhielt 1956 das Bundesverdienstkreuz. Die Firma wird von Kindern und Enkeln erfolgreich weitergeführt; die Qualitätsmarke «Käthe Kruse» ist in der ganzen Welt bekannt.

Elisabeth Kübler-Ross

Geb. 8.7. 1926 in Zürich
Gest. 24.8. 2004 in Scottsdale (Arizona)

Die Schweizer Psychiaterin gilt zu Recht als Begründerin der Sterbeforschung. Sie hat den Umgang mit Tod und Trauerarbeit untersucht und revolutioniert und damit ein modernes Tabu gebrochen. Elisabeth Kübler wurde als eine von Drillingsschwestern in eine Züricher Kaufmannsfamilie geboren. 1957 promovierte sie in Medizin an der Universität ihrer Heimatstadt, heiratete den US-Amerikaner Emanuel Ross und ging mit ihm 1958 nach Übersee. In diversen amerikanischen Krankenhäusern arbeitete sie als Psychiaterin, ab 1985 lehrte sie als Professorin an der Universität von Virginia. In zahlreichen Gesprächen mit unheilbar Kranken und Sterbenden suchte sie zu ergründen, welche Gefühle diese bewegten bzw. welche Hilfe sie benötigten. Ihre Erkenntnisse machte Kübler-Ross in zahlreichen Büchern, Artikeln und Vorträgen populär, wobei sie neue Anregungen zum Umgang mit Sterbenden und Trauernden gab. Sie definierte erstmals die «Fünf Phasen des Sterbens» und forderte, dass Helfer zunächst ihre eigenen unbewältigten Ängste und Probleme klären sollten, bevor sie Todkranke begleiten. In ihren letzten Jahren sah sich Kübler-Ross zunehmender Kritik ausgesetzt: Sie drifte ins Esoterische ab; ihre feste Überzeugung, es gebe ein Leben nach dem Tod, sei wissenschaftlich nicht beweisbar. 1995 erlitt die Forscherin einen Schlaganfall, dem weitere folgten. Kübler-Ross konnte nur noch im Rollstuhl sitzen und war schließlich fast bewegungsunfähig. Nach jahrelangem Siechtum starb sie mit 78 Jahren.

Selma Lagerlöf

Geb. 20. 11. 1858 auf Gut Mårbacka bei Östra Ämtervik
Gest. 16. 3. 1940 auf Gut Mårbacka

Selma Lagerlöf war die erste Frau, die den Literaturnobelpreis erhielt (1909). Ihre Werke rechnet man zur schwedischen Neuromantik. Darin beschreibt Lagerlöf in klarer, einfacher Sprache Lebensart und Traditionen ihrer Heimat. Weitere wichtige Themen sind Liebe als vermittelnde und Erlösung bringende Kraft, Emotionen in all ihren Erscheinungsformen sowie Schuld und Sühne. – Lagerlöfs Eltern waren vermögende Gutsbesitzer. Sie kam als vorletztes von fünf Kindern zur Welt und verlebte auf Mårbacka eine glückliche Kindheit. Gegen den Willen des Vaters besuchte Selma ein Gymnasium in Stockholm und ließ sich von 1882 bis 1885 zur Volksschullehrerin ausbilden. Ihren Beruf übte sie zehn Jahre lang in Landskrona aus, danach konnte sie vom Schreiben leben. Fünf Jahre nach dem Erhalt des Literaturnobelpreises wurde Lagerlöf als erste Frau Mitglied der Schwedischen Akademie. In Mårbacka, das sie aufgekauft und erweitert hatte, betrieb die Schriftstellerin Landwirtschaft und Hafermehlproduktion. Mit ihrer langjährigen Freundin Sophie Elkan bereiste sie mehr als 15 Jahre lang Europa, Ägypten und Palästina. Sie setzte sich sehr für die Rechte der Frauen ein und blieb lebenslang sozial engagiert. Seit 1933 half sie auch jüdischen Flüchtlingen aus Deutschland und ermöglichte 1940 Nelly Sachs die Emigration. – Ihr erster großer Roman «Gösta Berling» (1891) war gleich ein Erfolg und wurde später mit Greta Garbo verfilmt. Ein weiterer Klassiker ist das Kinderbuch «Die wunderbare Reise des kleinen Nils Holgersson mit den Wildgänsen» (1906), eigentlich eine Auftragsarbeit für den schwedischen Volksschullehrerverband. Neben zahlreichen Romanen veröffentlichte Lagerlöf auch Erzählungen, Kurzgeschichten, Legenden und ihre Memoiren.

Liselotte von der Pfalz

Geb. 27. 5. 1652 in Heidelberg
Gest. 8. 12. 1722 in Saint-Cloud bei Paris

Als Kind sah Elisabeth Charlotte von der Pfalz, genannt Liselotte, die Ehe ihrer Eltern scheitern. Kurfürst Karl Ludwig und die exzentrische Charlotte von Hessen stritten sich lauthals vor den Augen der Höflinge. Dennoch wuchs die Prinzessin, die auch einige Jahre bei einer Tante in Hannover verbrachte, zu einem heiteren, selbstbewussten und aufgeschlossenen Menschen heran. Der Vater verheiratete Liselotte 19-jährig mit Philippe von Orléans, dem Bruder des «Sonnenkönigs» Ludwig XIV. Davon versprach er sich dauerhaften Frieden. Liselotte musste zum katholischen Glauben übertreten. Ihre Ehe, aus der drei Kinder hervorgingen, war nur anfangs glücklich; bald merkte sie, dass ihr Gemahl homosexuell war. Als Ludwig XIV. unter den Einfluss der frömmelnden Madame de Maintenon geriet, wandte er sich von der Schwägerin ab, die er bislang unterstützt hatte. Derart isoliert, suchte und fand Liselotte Trost in ausgedehntem Briefverkehr mit ihren zahlreichen Verwandten in Deutschland. Etwa 5000 ihrer Schreiben sind noch erhalten und stellen ein unverblümt verfasstes Zeitdokument dar. So nannte Liselotte ihre Gegnerin Maintenon «alte Zott» oder «Rumpumpel», gab aber auch befremdende Einblicke in ihr adelsstolzes Denken. Größtes Leid erlebte die Pfälzerin, als die männliche Linie ihres Hauses ausstarb und Schwager Ludwig gegen ihren Willen, aber in ihrem Namen Anspruch auf die Pfalz erhob. Ein französisches Heer fiel 1689 dort ein und verwüstete das Land, Heidelberg und sein Schloss brannten ab. Nach dem Tod ihres Gemahls (1701) erlebte Liselotte noch, dass ihr Sohn Philippe während der Minderjährigkeit Ludwigs XV. als Regent von Frankreich fungierte.

Jenny Lind

Geb. 6. 10. 1820 in Stockholm
Gest. 2. 11. 1887 in Wynds Point (England)

Selbst an Musik nicht Interessierten ist der Name der «Schwedischen Nachtigall» ein Begriff. Obgleich es keine Tonaufnahmen von Johanna Maria (genannt Jenny) Lind gibt, ist ihr Ruhm nie verblasst. Als Tochter eines Buchhalters, der mit nur 22 Jahren starb, kam Jenny zur Welt und wuchs bei der Großmutter in einem tristen Witwenheim auf. Durch Zufall wurde das Gesangstalent der 9-Jährigen entdeckt, und man schickte das Kind zur Ausbildung ans Königliche Theater, bei freier Kost und Logis. Ab 1837 bezog sie ein festes Gehalt und wurde für zehn Jahre verpflichtet. Seit 1832 lebte Jenny wieder mit ihrer Mutter Anna zusammen, die ihr das Leben unerträglich machte. Sie zog aus, wurde aber per Gerichtsbeschluss gezwungen, in die drückenden Verhältnisse zurückzukehren. Rasch wurde die junge Sopranistin berühmt. Man lobte Reinheit und Höhe der Stimme sowie ihre Atemtechnik. Ab 1841 bildete sie sich in Paris weiter, danach in Berlin und London. Bei allen Erfolgen blieb die Künstlerin bescheiden und bewahrte sich ihre Frömmigkeit. Sie spendete auch größere Summen für soziale Zwecke. Frauen hatten im damaligen Schweden wenig Rechte. Selbst über die weltberühmte Lind bestimmte nach dem Willen des Gesetzes ein Vormund – bis zur Heirat. Zweimal verlobte sich die Sängerin, zweimal scheiterte die Verbindung: an der Untreue des Mannes, dann an der bigotten Familie des Partners, die «keine vom Theater» wollte. 1849 beschloss Lind den Rückzug von der Opernbühne und gab in den USA Konzertabende. In dem Komponisten und späteren Manager Otto Goldschmidt fand sie schließlich auch den Mann fürs Leben. Die beiden heirateten 1852 in Boston. Vorher trat der neun Jahre Jüngere Jenny zuliebe vom Judentum zum Protestantismus über. Drei Kinder kamen zur Welt, darunter die Tochter Jenny, die Schriftstellerin wurde. Die Familie lebte seit 1856 in England. Bis 1883 gab die Sängerin noch Konzertabende, bis zu ihrem Tod im Alter von 67 Jahren lehrte sie Gesang am Royal College of Music in London.

Astrid Lindgren

Geb. 14. 11. 1907 in Näs bei Vimmerby
Gest. 28. 1. 2002 in Stockholm

Kinder in aller Welt lieben die Figuren, die Astrid Lindgrens Fantasie entsprangen: Pippi Langstrumpf, die starke Kapitänstochter, oder den frechen Michel aus Lönneberga, den Meisterdetektiv Kalle Blomquist, die Kinder aus Bullerbü, den fliegenden Karlsson vom Dach, Lotta, Madita oder Ronja Räubertochter, die Brüder Löwenherz … und noch viele mehr. Ihre Kindheit verbrachte Astrid Ericsson auf einem Pfarrhof in Näs, wo sie als zweites von 4 Kindern aufwuchs. Nach einem Volontariat bei der Zeitung von Vimmerby ging Astrid nach Stockholm, begann eine Ausbildung zur Sekretärin und brachte 1926 ihren nichtehelichen Sohn Lars zur Welt, der bis 1929 in einer Pflegefamilie aufwuchs. Ab 1928 arbeitete sie als Sekretärin für den Königlichen Automobil-Club, wo sich ihr Kollege Sture Lindgren in sie verliebte. Das Paar heiratete 1931, ein Jahr darauf wurde die Tochter Karin geboren. Für sie dachte sich Astrid Lindgren Geschichten um Pippi Langstrumpf aus. Wegen der für die damalige Zeit gewagten, anarchisch wirkenden Hauptperson war es lange schwierig, einen Verleger zu finden. 1949 wurde «Pippi» auch in Deutschland veröffentlicht – bis heute ein Klassiker der Kinderliteratur. 1965 erhielt Lindgren den Schwedischen Staatspreis für Literatur, 1978 den Friedenspreis des Deutschen Buchhandels. Es folgten bis 1994 zahlreiche weitere Bücher. Ihr Leben lang setzte sich die Schriftstellerin für Gewaltfreiheit in der Erziehung, für Kinderrechte und den Tierschutz ein. Trotz ihres weltweiten Erfolges blieb Lindgren ein bescheidener Mensch und lebte mehr als 60 Jahre in derselben Wohnung in Stockholm.

Luise, Königin von Preußen

Geb. 10. 3. 1776 in Hannover
Gest. 19. 7. 1810 auf Schloss Hohenzieritz bei Neustrelitz

Nie ist eine deutsche Herrscherin volkstümlicher geworden als «Preußens Luise». Wegen ihrer Haltung gegenüber Napoleon und als Mutter von zehn Kindern mit bürgerlichem Eheideal am Hof wurde die Königin lange wie eine Nationalheldin verehrt. Luise war die vierte Tochter des Prinzen Karl von Mecklenburg-Strelitz und der Friederike von Hessen-Darmstadt. Als ihre Mutter mit 29 nach der Geburt des elften Kindes starb, war die Kleine erst sechs. Mit ihren Schwestern wuchs sie bei der Großmutter in Darmstadt auf. 1793 heiratete die 17-Jährige den preußischen Kronprinzen Friedrich Wilhelm (später der III.), mit dem sie zehn Kinder hatte. Luises Schönheit, Anmut, Heiterkeit und freundliche Art bezauberten Hof wie Untertanen. 1797 bestieg das Paar den Thron. Die Königin vermittelte verantwortungsvoll zwischen Friedrich Wilhelm und den preußischen Reformern. 1806 schlug Napoleon vernichtend Preußens Truppen, der Hof floh bis Königsberg. Bis Ende 1809 blieb das Königspaar im Exil; den Untergang Napoleons erlebte Luise nicht mehr. Erschöpft von Flucht und Kummer, zahlreichen Geburten und Fehlgeburten leistete ihr Körper keinen Widerstand mehr, als sie sich eine gefährliche Lungenentzündung zuzog. Sie starb 1810 im Alter von nur 34 Jahren. Nach der Beisetzung im Charlottenburger Mausoleum wurde die Königin zum Inbegriff bürgerlicher Frauenideale verklärt.

Rosa Luxemburg

Geb. 5.3. 1871 in Zamość bei Lublin
Gest. 15.1. 1919 in Berlin

Als Tochter einer jüdischen Holzhändlerfamilie kam Rozalia Luksenburg im polnischen Zamość zur Welt. Schon während der Schulzeit setzte sie sich für die Arbeiter ein, deren elende Lage sie entsetzte. In Warschau besuchte das begabte Mädchen das Gymnasium und siedelte nach dem Abitur in die Schweiz über. 1893 wurde sie Mitbegründerin der Sozialdemokratischen Arbeiterpartei von Polen und Litauen. In Zürich studierte sie Geschichte, Zoologie und Finanzwissenschaft und promovierte 1897. Um deutsche Staatsbürgerin zu werden, ging sie 1898 eine (1903 wieder geschiedene) Ehe mit dem Sozialisten Gustav Lübeck ein. Seit 1899 in Berlin wohnhaft, nahm sie dort am SPD-Parteitag teil. In Reden und Aufsätzen äußerte sich Rosa zu Wirtschafts- und Sozialproblemen europäischer Länder und wurde zur führenden Theoretikerin des linken SPD-Flügels. Ab 1907 lehrte sie als Dozentin an der Berliner Parteischule. Ihre pazifistische Haltung brachte ihr 1915–1918 während des Ersten Weltkrieges zwei längere Haftstrafen ein, was mit zur Spaltung der SPD beitrug. Kaum aus dem Gefängnis entlassen, beteiligte sich Luxemburg an der Gründung der KPD, nachdem sie zusammen mit Karl Liebknecht zuvor schon den Spartakusbund initiiert hatte. Privat war Rosa Luxemburg ein liebenswürdiger Mensch mit Talent zur Freundschaft. Zierlich und von angegriffener Gesundheit, verlangte sie sich dennoch oft das Äußerste an Leistung ab. Dauerhaftes Liebesglück blieb ihr versagt: Die Beziehung zu Leo Jogiches scheiterte ebenso wie die zu Kostja Zetkin. Im Januar 1919 wurden Rosa Luxemburg und Karl Liebknecht nach dem Aufstand des revolutionären Flügels der KPD von Freikorpsoffizieren verhaftet und ermordet.

Madonna

Geb. 16. 8. 1958 in Bay City (Michigan)

Madonna Louise Veronica Ciccone ist nicht nur die erfolgreichste Sängerin aller Zeiten, sondern auch Tänzerin, Plattenproduzentin mit eigener Firma (Maverick), Schauspielerin, Komponistin und Kinderbuchautorin. Sie hat sich in einer seit 1983 andauernden Weltkarriere mit Provokationen im Gespräch gehalten, stets neu erfunden und nicht nur mit ihren Modetrends die Popkultur des 20./21. Jahrhunderts geprägt. Die Tochter des italienischstämmigen Automechanikers und späteren Winzers Silvio «Tony» Ciccone aus erster Ehe mit Madonna Fontin ist das dritte von sechs Kindern. Mit fünf Jahren verlor sie die Mutter, die an Brustkrebs starb. Die hervorragende Schülerin wurde streng katholisch erzogen, beschloss früh, Tänzerin zu werden, und schlug sich in New York durch. Dort entdeckte sie die Musik für sich, bekam einen Plattenvertrag und schaffte 1983 mit der Single «Holiday» den internationalen Durchbruch. Ihre wechselnden Stile, die aufwändigen Bühnenshows und teilweise provokanten Videos wurden legendär. Madonna setzte ihre Sexualität fast ohne Tabus ein. Als Schauspielerin ist sie weniger erfolgreich, erhielt aber für die Musicalverfilmung «Evita» von 1996 den Golden Globe. Ihr buntbewegtes Liebesleben bietet der Presse reichlich Stoff. Von 1985 bis 1989 war sie mit dem Schauspieler Sean Penn verheiratet. Ihr Fitnesstrainer Carlos Leon wurde Vater ihrer Tochter Lourdes Maria (1997), mit dem zehn Jahre jüngeren englischen Regisseur Guy Ritchie, den sie 2000 ehelichte, bekam sie den Sohn Rocco. Die Adoption eines malawischen Jungen, David Banda, wurde Madonna 2006 von manchen als PR-Aktion angekreidet.

Maria Stuart

Geb. 7. 12. 1542 in Linlithgow (Schottland)
Gest. 8. 2. 1587 Schloss Fotheringhay (England)

Die katholische Königin von Schottland, die ein protestantisches Land regierte und dabei scheiterte, galt ihren Parteigängern als Märtyrerin, ihren Gegnern als flatterhafte Frau und Mörderin. Ihr tragisches Schicksal inspirierte unzählige Dichter, Schriftsteller und bildende Künstler. Im Alter von sechs Tagen erbte Maria den schottischen Thron, als ihr Vater James V. mit erst 30 Jahren starb. Ihre Mutter, Marie de Guise, übernahm die Regentschaft und brachte die 6-Jährige nach Frankreich in Sicherheit, an den Hof der Katharina von Medici. 1558 wurde Maria mit dem Kronprinzen François verheiratet. Doch der kränkliche Jüngling starb 1560 an einem Tumor; nur ein halbes Jahr lang war Maria an seiner Seite Königin von Frankreich und kehrte schließlich nach Schottland zurück. Sie machte sich ihre Großkusine Elisabeth von England zur Feindin, da sie sich zur wahren Erbin des englischen Throns berufen glaubte. Überstürzt heiratete sie 1565 ihren Cousin Henry Darnley und erkannte dann, wie sehr sie sich in ihm getäuscht hatte. Vor den Augen der Schwangeren metzelte eine Adelsclique ihren einflussreichen Sekretär Rizzio nieder, der eifersüchtige Darnley sah dabei zu. Die Geburt des Sohnes James brachte keine wirkliche Versöhnung. Als Darnley einem Sprengstoffanschlag zum Opfer fiel, wurde die Königin der Mitwisserschaft verdächtigt. Drei Monate später, im Mai 1567, heiratete sie den Earl of Bothwell, einen brutalen Draufgänger und Frauenhelden, der als Drahtzieher des Mordes galt. Ein Volksaufstand brachte Maria zu Fall. Die Wiederherstellung ihrer Macht gelang nicht; Bothwell wurde gefangen. Die Königin floh ausgerechnet nach England, wo sie auf Anweisung Elisabeths inhaftiert wurde. Immer wieder schmiedete Maria Befreiungspläne und gab schließlich auch ihr Einverständnis zum Mord an Elisabeth. Alles flog auf, Maria Stuarts Prozess endete mit dem Todesurteil. 1587 fand die glücklose Herrscherin unter dem Beil ein brutales Ende. Ihr Sohn James, der die Mutter nie kennenlernte, vereinte Schottland und England unter einer Herrschaft.

Maria Theresia

Geb. 13.5.1717 in Wien
Gest. 20.11.1780 in Wien

Maria Theresia war die Tochter Kaiser Karls VI. und der Elisabeth von Braunschweig-Wolfenbüttel. Da man lange auf die Geburt eines Sohnes hoffte, wurde sie in keiner Weise auf Herrschaftsaufgaben vorbereitet. Die vom Vater erdachte «Pragmatische Sanktion» sollte ihr Erbe sichern, doch warteten die europäischen Nachbarn nur darauf, der vermeintlich schwachen Frau die habsburgischen Länder zu entreißen. Friedrich der Große machte den Anfang, als Maria Theresia 1740 den Thron Ungarns und Böhmens bestieg, und überfiel Schlesien. Es folgten viele Jahre Krieg, doch dank klug gewählter Ratgeber und fähiger Militärs konnte sich die Herrscherin behaupten – wenn auch Schlesien bei Preußen blieb. 1736 schloss Maria Theresia eine Liebesehe mit Franz Stephan von Lothringen, der 1745 zum Kaiser gewählt wurde. Das Paar bekam bis 1756 insgesamt 16 Kinder, die – anders als die Mutter – mit ihren Ehen der Staatsräson dienen mussten. Persönlich war Maria Theresia fromm bis zur Bigotterie, so setzte sie 1747 eine Keuschheitskommission zur Bekämpfung außerehelicher Beziehungen ein und musste doch ihrem Gemahl immer wieder Seitensprünge verzeihen. Die Kaiserin lehnte die Aufklärung ab, ließ aber Reformen durchführen, die das Habsburgerreich konsolidierten. Armee und Verwaltung wurden neu geordnet; Adel und Klerus wurden besteuert und die Volksschule in Österreich verbindlich eingeführt. Erst spät schaffte Maria Theresia die Folter ab (1776), die Leibeigenschaft der Bauern und deren Frondienste wurden nicht aufgehoben, sondern nur gemildert. Nach dem Tod ihres Gemahls 1765 wurde sie Mitregentin ihres ältesten Sohnes, Kaiser Josephs II. Bei ihren Untertanen war Maria Theresia, die sich recht volkstümlich geben konnte, stets beliebt.

Marie Antoinette

Geb. 2. 11. 1755 in Wien
Gest. 16. 10. 1793 in Paris

Die berühmteste Königin Frankreichs wurde als 15. und vorletztes Kind der Kaiserin Maria Theresia und Franz Stephans auf den Namen Maria Antonia getauft. Die Ausbildung blieb lückenhaft; die Kleine hatte wenig Lust am Lernen. Die 14-Jährige musste den Interessen ihres Hauses dienen und den französischen Thronfolger Ludwig (16 Jahre) heiraten, womit eine lange Feindschaft zwischen den Ländern beendet wurde. Dieser war ein träger, schüchterner und korpulenter Mann, während Marie Antoinette, wie sie nun hieß, musikalisch, modebewusst und undiplomatisch auftrat. Sie tröstete sich mit teuren Vergnügungen darüber hinweg, dass ihre Ehe wegen Ludwigs Phimose sieben Jahre lang unvollzogen blieb. So machte sie sich unbeliebt, denn das Volk lebte in Armut, und der Staat stand kurz vor dem Bankrott. 1774 bestiegen Ludwig XVI. und seine Frau den Thron. Endlich bekam das Paar auch Nachwuchs. Fünf Kinder brachte die Königin zur Welt, wovon eines tot geboren wurde und zwei jung starben. Die Ehepartner arrangierten sich miteinander. Dennoch war es der schwedische Diplomat Graf Fersen, dem Marie Antoinettes Liebe gehörte. An der Seite des überforderten Gemahls betrieb die Königin eine konservative Politik, die stets die Interessen ihres Heimatlandes berücksichtigte. Durch die «Halsbandaffäre» geriet sie in den Verdacht der Bestechlichkeit und Unmoral. Die Revolution 1789 läutete den Untergang der Herrscherfamilie ein. Entmachtet musste sie schließlich Versailles verlassen und unter Aufsicht in Paris leben. Die gemeinsame Flucht 1791 wurde in Varennes entdeckt und gestoppt. Am 21. 1. 1793 starb Ludwig XVI. unter dem Fallbeil, seiner Witwe machte man den Prozess. Auch sie wurde neun Monate später vor einer riesigen Volksmenge geköpft.

Mata Hari

Geb. 7. 8. 1876 in Leeuwarden (Niederlande)
Gest. 15. 10. 1917 in Vincennes bei Paris

Ihr Name steht für Abenteuer, Spionage und exotischen Tanz; ihr Leben wurde mehrfach verfilmt. Doch Mata Hari kam weder aus Indien noch aus Java. Margaretha Geertruida Zelle war eine waschechte Holländerin, die sich ihr exotisches Aussehen zunutze machte. Ihr Vater war Hut- und Handschuhmacher und verließ die Familie, als er pleiteging. Nach dem Tod der Mutter wurden die Kinder auf verschiedene Verwandte verteilt. Margaretha lebte beim Onkel, der sie zur Kindergärtnerin ausbilden ließ. Als der Direktor sich in die junge Frau verliebte, musste sie die Ausbildungsstätte verlassen. Die Mittellose suchte ihr Heil in einer schnellen Ehe und antwortete auf die Heiratsanzeige des 20 Jahre älteren niederländischen Kolonialsoldaten Rudolph «John» MacLeod. Das Paar heiratete 1895 und zog nach Java, wo Sohn Norman und Tochter Jeanne geboren wurden. Nach beiderseitigen Eifersuchtsszenen und dem tragischen Tod des Sohnes wurde die Ehe 1906 geschieden. Margaretha ging nach Paris, wo sie ihre Identität wechselte und als «Mata Hari» im orientalischen Kostüm Tänze öffentlich aufführte, die sie in Java gelernt hatte und die Ähnlichkeit mit modernem Striptease besaßen. Ihre Karriere nahm bald einen steilen Verlauf. Immer neue reiche Liebhaber finanzierten ihr Luxusleben. 1911/12 trat Mata Hari sogar an der Mailänder Scala auf. Doch während des Ersten Weltkriegs wurde es schwieriger, Engagements zu bekommen. Wohl aus Geldnot ließ sich Mata Hari vom französischen Geheimdienst als Spionin anwerben. 1917 wurde sie in Paris verhaftet und im Prozess beschuldigt, als Doppelagentin den Deutschen wichtige Geheimnisse verraten zu haben. Es galt, einen Sündenbock zu finden, dem man französische militärische Misserfolge in die Schuhe schieben konnte. Sie wurde ohne schlagkräftige Beweise zum Tod verurteilt und erschossen. Ihre Leiche landete auf dem Seziertisch der Pariser Sorbonne.

Golda Meir

Geb. 3.5. 1898 in Kiew
Gest. 8. 12. 1978 in Jerusalem

Golda Mabowitsch, Tochter eines jüdischen Zimmermanns, erlebte als Vierjährige, wie ihre Kiewer Glaubensgenossen verfolgt wurden. Der Vater floh in die USA und holte 1906 seine Frau und die drei Töchter nach. Golda wuchs in Milwaukee auf, ließ sich gegen den Willen der Eltern zur Lehrerin ausbilden und arbeitete als Bibliothekarin in Chicago und New York. Mit 19 heiratete sie den Schildermacher Morris Meyerson, wie sie ein Mitglied der sozialistisch-zionistischen Bewegung. Das Ehepaar siedelte 1921 nach Palästina über, wohnte zwei Jahre in einem Kibbuz, zog dann nach Tel Aviv und später nach Jerusalem. Dort wurden die Kinder Menachem und Sarah geboren. 1945 trennte sich Golda von Morris, der 1951 starb. Meir (abgeleitet von Meyerson) blieb politisch aktiv und trat 1923 in die Mapai-Partei ein, 1929 wurde sie Mitglied des Zionistischen Weltkongresses. Daneben war sie an der Spitze der Gewerkschaft Histadrut tätig. Nach der Gründung des Staates Israel fungierte Meir von 1949 bis 1956 als Arbeitsministerin; anschließend war sie Außenministerin (1956–1965). Im März 1969 wurde Golda Meir zur Ministerpräsidentin Israels gewählt. Ihre unnachgiebige Haltung gegenüber den Palästinensern resultierte großenteils aus ihren entsetzlichen Kindheitserfahrungen. Kompromisse waren ihre Sache nicht: «Die Araber wollen uns tot sehen. Wir wollen leben!» Dennoch setzte sie 1970 einen Waffenstillstand am Suezkanal durch – gegen die Meinung der eigenen Partei. Zum Ende des Jom-Kippur-Krieges hin wurde die Ministerpräsidentin stark kritisiert und trat schließlich im Dezember 1973 zurück. Während einer Regierungskrise übernahm sie das Amt kurzfristig nochmals von März bis April 1974, bevor Itzhak Rabin es antrat. Golda Meir starb mit 80 Jahren an Lymphgewebekrebs. In der Verfilmung ihres Lebens ist die ergreifend agierende Ingrid Bergman in ihrer letzten Rolle zu sehen.

Lise Meitner

Geb. 17. 11. 1878 in Wien
Gest. 28. 10. 1968 in Cambridge (GB)

Lise (eigtl. Elise) Meitner kam als drittes von acht Kindern einer jüdischen Rechtsanwaltsfamilie zur Welt und genoss eine liberale Erziehung. 1901–1905 studierte sie in Wien Physik und schloss mit der Promotion ab. 1907 ging Meitner nach Berlin, wo sie mit dem Chemiker Otto Hahn eine 30 Jahre währende Arbeitsgemeinschaft einging. Schon immer an Fragen der Radioaktivität interessiert, entdeckte sie mit Hahn mehrere radioaktive Isotope der natürlichen Zerfallsreihen. 1910 veröffentlichten die beiden mit von Bayer die ersten Aufnahmen magnetischer Spektren, 1918 entdeckten sie das Element 91, das Protaktinium. Im selben Jahr wurde Meitner Abteilungsleiterin am Kaiser-Wilhelm-Institut für Chemie. 1922 habilitierte sie sich und wurde vier Jahre später als erste Frau überhaupt Professorin (für experimentelle Kernphysik). Nach Hitlers «Machtergreifung» durfte Meitner nicht mehr lehren, obwohl sie 1908 zum evangelischen Glauben konvertiert war. Als Österreicherin war sie bei den Forschungen aber noch «geduldet». Erst nach dem «Anschluss» ihrer Heimat 1938 floh sie über Holland nach Schweden. Hahn blieb heimlich mit ihr in Kontakt. 1939 gelang ihr mit dem Neffen Otto Robert Frisch die theoretische Erklärung für die von Hahn und Strassmann entdeckte Kernspaltung. Angebote aus den USA, an der Entwicklung der Atombombe mitzuwirken, schlug sie kategorisch aus. 1947 wurde Meitner Leiterin des Physikalischen Instituts der Technischen Hochschule Stockholm, zwei Jahre danach schwedische Staatsbürgerin. 1960 zog sie zu ihrem Neffen nach England, wo sie die letzten Lebensjahre verbrachte. Meitner erhielt alle nur denkbaren Ehrungen und Preise – bis auf einen: Den Nobelpreis für Chemie bekam Otto Hahn.

Maria Sibylla Merian

Geb. 3.4. 1647 in Frankfurt/Main
Gest. 13. 1. 1717 in Amsterdam

Als Tochter des berühmten Kupferstechers Matthäus Merian d. Ä. und seiner zweiten Frau Johanna Sibylla Heim erbte sie das Talent des Vaters. Dieser starb, als Maria drei Jahre alt war. Gegen den Willen der Mutter erlernte sie vom Stiefvater, dem Blumenmaler Jakob Marell, Zeichnen, Malen und Stechen. 1665 heiratete sie einen Gesellen Marells, den Architekturmaler Johann Albrecht Graff und bekam 1667 die Tochter Johanna Helena. Die Familie ging nach Nürnberg, wo der wenig geschäftstüchtige Graff einen Kunsthandel eröffnete. Merian betätigte sich erfolgreich als Kunsthandwerkerin, Zeichenlehrerin und Farbhändlerin – was Neid und Zank zwischen den Eheleuten hervorrief. 1678 kam eine weitere Tochter zur Welt, Dorothea Maria. Merian trat mit zwei spektakulär schönen Büchern an die Öffentlichkeit: «Neues Blumenbuch» erschien 1675–1677, «Der Raupen wunderbare Verwandlung» 1679–1683. Auf dem Fundament eigener Forschungen hatte die Künst-lerin die Metamorphose der Schmetterlinge sowie deren Futterpflanzen beschrieben und dargestellt. Bis dahin hatte man Insekten als «Teufelsgetier» abgetan und der Forschung für unwert befunden. 1681 verließ Merian ihren Mann und zog mit den Kindern nach Frankfurt. 1685 trat sie der Sekte der Labadisten bei, die auch in Südamerika missionierte, und lebte bis 1691 in deren Kommune auf Schloss Waltha (Niederlande). 1699 reiste sie mit Tochter Dorothea nach Surinam, wo sie bis 1701 tropische Insekten und Pflanzen erforschte und bildlich dokumentierte. Die Summe dessen wurde 1705 in einem Prachtband veröffentlicht: «Metamorphosis insectorum Surinamensium». Merian lebte nun in Amsterdam. Nach einem Schlaganfall 1714 wurde sie von Tochter Dorothea und deren Mann gepflegt. Nach längerem Siechtum starb die Künstlerin mit 70 Jahren.

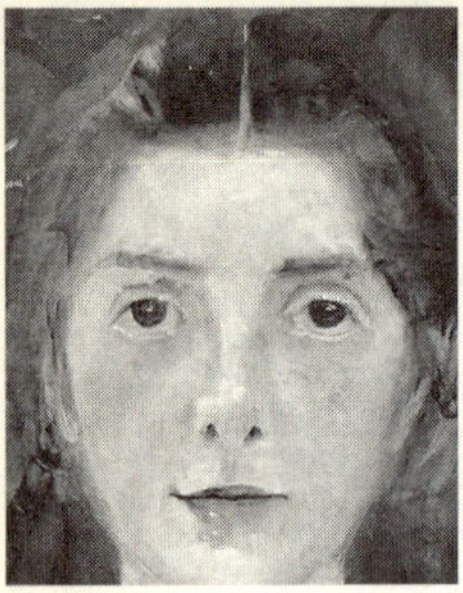

Paula Modersohn-Becker

Geb. 8. 12. 1876 in Dresden
Gest. 20. 11. 1907 in Worpswede

Zu Lebzeiten kaum in ihrer Bedeutung erkannt und gewürdigt, gehört Modersohn-Becker, eine Vertreterin des frühen Expressionismus, heute zu den berühmtesten Künstlerinnen. Als drittes von sieben Kindern eines Eisenbahningenieurs und einer Adligen geboren, wuchs sie in Bremen auf. Auf Wunsch des Vaters ließ sich Paula zur Lehrerin ausbilden, besuchte dann aber die Malschule des Vereins Berliner Künstlerinnen (Frauen war die Akademie noch verwehrt). 1898 kam Paula in die Künstlerkolonie Worpswede, ein malerisches Dorf im Teufelsmoor bei Bremen. Im Jahr danach stellte sie erstmals aus, erhielt jedoch keine Anerkennung. «Kult des Hässlichen» nannte man ihre Bilder, «aus fleißigem Dilettantismus entstanden» und «verbauert». Nur Otto Modersohn, ein bereits anerkannter Künstler, wusste mit Paulas oft schwermütigen, dunkelfarbigen und formvereinfachenden Gemälden etwas anzufangen. Der Witwer verliebte sich in die junge Kollegin und heiratete sie 1901. Einige Jahre war die Ehe recht glücklich. Doch konnte Otto ihren künstlerischen Weg, den sie nach mehreren Paris-Besuchen einschlug (Anregungen durch Cézanne, van Gogh, Matisse), nicht mehr nachvollziehen. Paula verließ ihren Mann, obwohl sie ihn noch liebte, und zog 1906 nach Paris. Dort besuchte Otto sie, und die beiden wagten einen Neuanfang. Die Tochter Mathilde wurde 1907 geboren. Drei Wochen nach der Niederkunft brach die 30-Jährige mit einer Lungenembolie zusammen und starb. Langsam nur wurde ihr Werk der Öffentlichkeit bekannt, nach dem Zweiten Weltkrieg auch sehr geschätzt. Nun zeigte sich, wie weit die Künstlerin ihrer eigenen Zeit voraus gewesen war.

Marilyn Monroe

Geb. 1.6. 1926 in Los Angeles
Gest. 5.8. 1962 in Los Angeles

Sie wurde eines der bekanntesten Sexsymbole des 20. Jahrhunderts: Norma Jean Mortenson kam als nichteheliche Tochter einer Filmcutterin zur Welt, über den Vater gibt es nur Spekulationen. Die psychisch labile Mutter verschwand für viele Jahre in psychiatrischen Anstalten, sodass das Kind erst im Heim, dann in insgesamt zehn Pflegefamilien groß wurde. Mit 16 Jahren heiratete Norma den Nachbarsjungen James Dougherty. Er ging zur Armee, während seine Frau als Fotomodell entdeckt wurde. Die Scheidung folgte 1946. Seit 1947 erhielt Norma, die sich jetzt Marilyn Monroe nannte, kleine Filmrollen und posierte 1949 nackt für einen Kalender, der sie zum beliebten Pin-up-Girl machte. Die erste Hauptrolle spielte Marilyn 1952 in «Niagara», wodurch sie berühmt wurde. Ihre kurze Ehe mit dem Baseballstar Joe Di Maggio (1954) endete in Eifersucht und Gewalt. Ab 1956 bemühte sich Monroe um anspruchsvollere Rollen und nahm Schauspielunterricht, doch ihr Konsum von Alkohol und Drogen beeinträchtigte ihre Arbeit. Zahlreiche Affären, auch mit den Kennedy-Brüdern, brachten ihr kein Glück. Die 1956 geschlossene Ehe mit dem Dramatiker Arthur Miller scheiterte (1961), Fehlgeburten und Abtreibungen ruinierten Marilyns Gesundheit. Unter ungeklärten Umständen starb die Schauspielerin 36-jährig an einer Medikamentenvergiftung.

Lola Montez

Geb. 17. 2. 1821 in Grange bei Sligo (Irland)
Gest. 17. 1. 1861 in New York

Elizabeth Rosanna Gilbert kam als Tochter des Offiziers Edward Gilbert und dessen erst 15-jähriger Frau Eliza zur Welt. In Indien, wohin die Familie zog, starb der Vater. Von 1827 bis 1937 lebte das Mädchen in englischen Pensionaten. Der Verheiratung mit einem älteren Herrn entzog sich Eliza, indem sie mit dem Offizier Thomas James durchbrannte und ihn 1837 heiratete. Das Paar trennte sich, Eliza wurde 1842 wegen Untreue geschieden und stand gesellschaftlich ruiniert da. 1843 gab sie als Lola Montez nach einer Ausbildung zur Tänzerin in London ihr Debüt als angebliche Spanierin. In den folgenden Jahren hatte sie spektakuläre Auftritte in ganz Europa. 1846 kam Lola nach München und wurde die Mätresse des bayerischen Königs Ludwig I., der sie zur Gräfin Landsfeld erhob. Ihre Einmischung in die Politik trug 1848 schließlich zur Abdankung des Königs bei. Nach einem Prozess wegen Bigamie floh Lola 1851 in die USA. Dort heiratete sie einen Journalisten, trat als Zirkusattraktion auf und erlebte den Goldrausch mit. Es folgten Tourneen durch Australien. Wieder in New York, versuchte sich Lola als Schriftstellerin und veranstaltete Leseabende. Mit erst 39 Jahren erlitt sie einen Schlaganfall. Sie starb nach monatelangem Siechtum und wurde in Brooklyn begraben.

Mutter Teresa

Geb. 27.8. 1910 in Skopje
Gest. 5.9. 1997 in Kalkutta

Agnes Gonxha Bojaxhiu wuchs in einer wohlhabenden albanischen Familie auf und wurde an einer katholischen Mädchenschule ausgebildet. Mit zehn Jahren verlor sie den Vater und entschied sich bald darauf für ein Leben als Nonne. 1928 trat sie dem Loreto-Orden bei und arbeitete 17 Jahre lang für diesen als Lehrerin an einer Schule in Kalkutta, Indien. Nach 1946 widmete sich Mutter Teresa den Allerärmsten in den Slums, nahm die indische Staatsbürgerschaft an und gründete 1950 einen eigenen Orden: die «Missionarinnen der Nächstenliebe». Die Schwestern sammeln Sterbende von den Straßen, kümmern sich um Waisenkinder und Kranke jeglicher Art, besonders aber um Leprakranke. Im Lauf der Zeit wurde Mutter Teresa weltbekannt, ihr Wirken mit zahlreichen Preisen bedacht, u. a. erhielt sie 1979 den Friedensnobelpreis. Kritisiert wurden mitunter die unzureichende medizinische Ausbildung mancher Ordensmitarbeiter, die undurchsichtige Finanzpolitik des Ordens und Mutter Teresas konservative, aber mit dem katholischen Glauben übereinstimmende Haltung zur künstlichen Empfängnisverhütung, Abtreibung und Ehescheidung. Dennoch wurde die zähe kleine Frau von vielen schon zu Lebzeiten als Heilige angesehen, und nur sechs Jahre nach ihrem Tod – sie starb mit 87 an einem Herzleiden – wurde die albanische Nonne mit Sondererlaubnis des Papstes selig gesprochen. Mutter Teresas segensreiches Wirken wird durch ihren Orden fortgesetzt. Inzwischen gibt es fast überall auf der Welt Niederlassungen; sogar ein männlicher Zweig mit mehr als 400 Brüdern widmet sich auf den Spuren des «Engels der Armen» der Krankenpflege und Waisenhilfe.

Asta Nielsen

Geb. 11.9.1881 in Kopenhagen
Gest. 25.5.1972 in Frederiksberg

Asta Nielsen war der erste Superstar des – noch stummen – Films, der schließlich auch als Schriftstellerin und Kunsthandwerkerin gefeiert wurde. Wie die Garbo kam sie aus bescheidenen Verhältnissen. Der Vater, Arbeiter in einer Dampfmühle, starb früh; die Mutter, eine Wäscherin, misshandelte Asta und ihre ältere Schwester Johanne regelmäßig. Schon mit 14 wollte Asta zur Bühne und bekam wegen ihres Talents ein Stipendium für die Lehrzeit am Königlichen Schauspiel. 1901 brachte sie die Tochter Jesta zur Welt, ihr einziges Kind, weigerte sich aber, den Vater zu heiraten. Nach zwölf Bühnenjahren drehte Nielsen 1910 mit dem Regisseur Peter Urban Gad einen Film: «Abgründe» machte sie zum internationalen Star. 1912 heiratete sie Gad (Scheidung 1918) und produzierte mit ihm meist in Deutschland. Weitere cineastische Meilensteine waren «Englein» (1913), «Hamlet» (1920 – eine Hosenrolle), «Die freudlose Gasse» (1925, mit Greta Garbo) und «Dirnentragödie» (1927). Von ihren über 70 Filmen sind nur 30 erhalten geblieben. Trotz ihrer angenehmen Stimme fand Nielsen beim Tonfilm keine Rollen und spielte wieder Theater. Von den Nazis hofiert, ging sie dennoch zurück in die dänische Heimat. Die zweite Ehe mit dem schwedischen Reederssohn und Berufssoldaten Ferdinand «Freddy» Wingaardh (1919–1923) scheiterte an dessen notorischer Untreue. Eine zweite Karriere als Autorin von Romanen, Novellen und ihrer Autobiografie begann Asta Nielsen in den 1940erJahren, daneben fertigte sie Stoffcollagen an. Spätes Glück bedeutete die Ehe mit dem 18 Jahre jüngeren Kunsthändler Anders Christian Theede, die 1970 geschlossen wurde. Das Paar bereiste die Welt und verfügte, dass das gemeinsame Vermögen für eine Stiftung verwandt wurde, die armen Rentnern Erholungsreisen ermöglicht.

Florence Nightingale

Geb. 12.5.1820 in Florenz
Gest. 13.8.1910 in London

Sie war eine Pionierin der modernen Krankenpflege: Bis zu ihren Reformen herrschten meist unwürdige Zustände in englischen Spitälern und Lazaretten. Fehlende Hygiene, mangelnde Ausbildung des Personals und Schwestern, die nebenbei Prostitution betrieben, waren an der Tagesordnung.

Florence war das Kind eines vermögenden Landadeligen, der viel reiste und sie nach ihrem italienischen Geburtsort benannte. Der Vater unterrichtete Florence und ihre Schwester selbst in allen Fächern. Doch den vorgezeichneten Weg als Ehefrau lehnte Florence ab. 1851 ließ sie sich in der Kaiserswerther Diakonissenanstalt ausbilden und übernahm zwei Jahre später in London ein Heim für kranke Gouvernanten. Sie erreichte im Krimkrieg 1854 eine offizielle Entsendung durch das Kriegsministerium ins Lazarett von Skutari, wo sie mit 38 Schwestern wirkte und sich gegen Ärzte wie Militärs behaupten musste. Ihr Einsatz inspirierte Henri Dunant, das Rote Kreuz zu gründen. Nach ihrer Heimkehr 1857 gründete Nightingale eine wohltätige Stiftung, errichtete eine Krankenpflege- sowie eine Hebammenschule und beriet die Regierung bei Reformen des Gesundheitswesens. Bei der Erstellung von Analysen und Statistiken kam ihr auch ihre außergewöhnliche mathematische Begabung zu Hilfe. Weltberühmt und hochgeehrt starb Florence Nightingale im hohen Alter von 90 Jahren.

Nofretete

Um 1350 v. Chr.

Die bunt bemalte Kalksteinbüste der Königin Nofretete (altägypt.: Die Schöne ist gekommen) wurde 1912 bei Ausgrabungen in Tell-el-Amarna entdeckt und ist heute auf der Berliner Museumsinsel ausgestellt.

Nofretete entstammte möglicherweise einer Nebenlinie der königlichen Familie. Vermutungen, sie sei mit der Hethiterprinzessin Taduchepa identisch, haben sich bisher nicht beweisen lassen. Sie und der Thronfolger Amenophis, Sohn des Pharaos Amenophis III., heirateten in jungem Alter. Das Paar bekam sechs Töchter. Amenophis IV. änderte nach der Thronbesteigung seinen Namen in Echnaton und führte eine religiöse Revolution «von oben» durch: Dem Volk wurde Monotheismus «verordnet», und alle Götter bis auf den Sonnengott Aton wurden abgeschafft. Nofretete kam eine tragende Rolle im Aton-Kult zu. Damit schuf sich das Paar mächtige Feinde, vor allem Tempelpriester, die sich jetzt um Macht und Einkünfte gebracht sahen. Echnaton und seine Gemahlin gründeten 1360 v. Chr. mitten in der Wüste eine neue Hauptstadt, Achet-Aton (heute Tell-el-Amarna). Als erstes Herrscherpaar ließen die beiden ihr Privatleben szenisch darstellen. Nofretete muss große Machtbefugnisse besessen haben; sie wurde u. a. mit Kriegshelm und beim Erschlagen der Feinde dargestellt. Um 1338 v. Chr. verschwand Nofretete plötzlich aus der Geschichte. Entweder starb sie, oder sie wurde, einer immer wahrscheinlicheren Theorie zufolge, zur Mitregentin ernannt und nahm den Namen Semenchkare an. Dann muss sie nach Echnatons Tod mit ihrer Tochter Meritaton an der Seite noch eine Weile allein weiterregiert haben. Im Jahr 2003 identifizierte die Archäologin Joann Fletcher eine Mumie aus dem Grab KV 35 im Tal der Könige als Nofretete – eine bislang noch umstrittene Entdeckung.

Yoko Ono

Geb. 18.2.1933 in Tokio

Die japanische Künstlerin, die sich auch als Sängerin, Komponistin, Schriftstellerin und Filmregisseurin betätigte, wurde einer breiten Öffentlichkeit als zweite Ehefrau von John Lennon bekannt. Yoko Ono kam als erstes von drei Kindern zur Welt. Der Vater Eisuke war Bankier, die Mutter Isoko Yasuda orientierte sich am westlichen Lebensstil. Ab 1951 studierte Yoko in Tokio Kunst, nach der Übersiedelung ihrer Familie in die USA in New York Musik. 1957 heiratete Yoko gegen den Willen der Eltern den avantgardistischen Pianisten Toshi Ichiyanagi. Die Wohnung der beiden wurde zum Treffpunkt für Künstler. Auch Yoko entwickelte ihre eigene Konzeptkunst und war eine der ersten Vertreterinnen der Fluxus-Bewegung. Ihre Objekte und Performances fielen auf durch Originalität, Witz und Spontaneität. Die Ehe mit Ichiyanagi, später einer der bedeutendsten zeitgenössischen Komponisten in Japan, wurde 1962 geschieden. Im selben Jahr heiratete Yoko den Regisseur Anthony Cox und gebar 1963 die gemeinsame Tochter Kyoko. Bei einer Ausstellung in London lernte sie 1966 John Lennon kennen. Beide trennten sich von ihren Partnern und heirateten 1969. John hatte in der acht Jahre Älteren eine Art Seelenverwandte gefunden. Die Flitterwochen inszenierte das Paar als Happening für den Weltfrieden, mit der «Plastic Ono Band» wurde Rockmusik mit experimentellem Sound aufgenommen und live dargeboten. Seit 1971 wohnten Ono und Lennon in den USA. 1975 wurde der lang ersehnte Sohn Sean Taro Ono Lennon geboren. John starb am 8.12.1980 durch die Hand eines geistig verwirrten Fans. Seitdem betätigte sich Yoko Ono weiterhin als Sängerin und Komponistin, Konzeptkünstlerin und Bildhauerin. Sie tritt aktiv für Menschenrechte ein und engagiert sich politisch.

Emmeline Pankhurst

Geb. 14. oder 15. 7. 1858 in Manchester
Gest. 14. 6. 1928 in London

Emmeline Goulden wurde als ältestes von zehn Kindern eines Kassierers geboren. Die Eltern dachten liberal und engagierten sich gegen Sklavenhandel, das Getreidezollgesetz und für das Frauenwahlrecht.

Von 1873 bis 1979 wurde Emmeline an einer Pariser Mädchenschule ausgebildet. Gleich nach ihrer Rückkehr heiratete die 21-Jährige den 20 Jahre älteren Rechtsanwalt Richard Pankhurst, auch er ein Verfechter des Frauenwahlrechts. Das Paar bekam fünf Kinder. 1898 wurde Pankhurst Witwe und musste ihre Familie fortan mit kargem Gehalt als Standesbeamtin ernähren. 1903 gründete sie die Frauenbewegung Women's Social and Political Union (WSPU), die ab 1905 militant für ihre Ziele eintrat. Da sich in der Frage des Frauenwahlrechts nichts bewegte, warfen die Suffragetten Scheiben ein, zündeten Briefkästen an, verübten schließlich sogar Bombenanschläge. Mehrfach kam Pankhurst ins Gefängnis; mit ihrer Radikalität machte sie sich nicht nur Freunde. Ihre Töchter Christabel und Sylvia unterstützten sie in ihren Anliegen und waren lebenslang in der Frauenbewegung aktiv. Die Pazifistin Sylvia zerstritt sich allerdings später mit Mutter und Schwester wegen deren Zustimmung zur britischen Beteiligung am Ersten Weltkrieg. 1913 wurde Pankhurst zu drei Jahren Gefängnis verurteilt, da die Suffragetten auf das Landhaus des Schatzkanzlers David Lloyd George ein Bombenattentat verübt hatten. Sie sah es als großen Erfolg, dass Großbritannien 1918 ein eingeschränktes Wahlrecht für Frauen einführte (für über 30-Jährige mit gehobener Bildung, während alle Männer ab 21 wählen durften). Sie erlebte es aber noch, dass 1928 kurz vor ihrem Tod Frauen das volle, also aktive wie passive Wahlrecht ab der Volljährigkeit erhielten.

Anna Matwejewna Pawlowa

Geb. 12.2. 1882 in Sankt Petersburg
Gest. 23. 1. 1931 in Den Haag

Annas Vater Matwej Pawlow war Ingenieur und starb, durch die Machenschaften eines Fürsten ruiniert, als sie vier Jahre alt war. Die Mutter arbeitete daraufhin als Näherin. Die begabte Anna wurde als 10-Jährige in die Tanzakademie der Petersburger Theaterfachschule aufgenommen, mit 19 wurde sie bereits Primaballerina beim Kaiserlichen Ballett Sankt Petersburg. 1899 trat sie dem Ensemble des Mariinski-Theaters bei. 1905 komponierte Saint-Saens für sie das Stück «Der sterbende Schwan», zu dem sie mit Michail Fokin die Choreografie entwarf. Bis an ihr Lebensende blieb der ergreifende «Schwan» ihre ureigenste Rolle und machte sie weltberühmt. Seit 1909 trat Pawlowa in Diaghilews «Balletts Russes» solo und mit Nijinski auf. Der Erste Weltkrieg überraschte die Ballerina in Spanien, von wo aus sie nicht mehr ins Heimatland zurückkehrte und später nach England übersiedelte. Pawlowa gründete ein eigenes Ensemble mit zeitweilig über 100 Tänzern und großem Orchester, mit dem sie alle Erdteile bereiste. 1915 heiratete sie ihren Manager, den gebürtigen Pariser Victor Dandré. Auf einer Hollandtournee wurde Pawlowa Opfer ihrer eigenen gnadenlosen Disziplin, als sie eine Erkältung verschleppte, die sich zur Rippenfellentzündung auswuchs. Mit nur 48 Jahren starb Anna Pawlowa; ihre Urne wurde in London beigesetzt.

Evita Perón

Geb. 7. 5. 1919 in Los Toldos
Gest. 26. 7. 1952 in Buenos Aires

Der reiche Gutsbesitzer Juan Duarte bekam, neben seiner legitimen Familie, mit seiner Köchin Juana Ibarguren fünf Kinder. Seine jüngste Tochter war Maria Eva, genannt Evita. Sie versuchte früh, der trostlosen Provinz zu entrinnen. Mit 15 schlug sie sich in Buenos Aires durch, zunächst als Fotomodell und Bardame. Schließlich brachte es Evita zur Festanstellung als Rundfunksprecherin und kam als Schauspielerin auch an Filmrollen. Zum Schicksal wurde ihr der verwitwete Offizier Juan Domingo Perón, mit 48 doppelt so alt wie Evita. Seit 1944 Vizepräsident, wurde er 1945 gestürzt und gefangen genommen. Evita mobilisierte die «Descamisados», die Masse der Arbeiter, und organisierte mit ihnen einen Aufstand gegen die Armee. Perón wurde befreit und heiratete aus Dankbarkeit seine Geliebte, für die konservative Elite eine Ungeheuerlichkeit. 1946 gewann Perón die Präsidentschaftswahlen. Die First Lady bediente sich eines hervorragenden Propagandaapparates. Zahlreiche Reformen fanden dank ihrer Initiative statt; so wurde das Frauenwahlrecht eingeführt und die Lage der unteren Schichten verbessert. Evita gründete eine wohltätige Stiftung, bei der sie sich allerdings auch selbst bediente, und wurde als «Engel der Armen» sehr populär. Doch sie erkrankte an Gebärmutterhalskrebs und starb mit nur 33 Jahren. Die unglaubliche Odyssee von Evitas einbalsamierter Leiche, die erst 1973 zur Ruhe kam, war später Anstoß für Romane (z. B. «Santa Evita» von Tomás Eloy Martínez). Das Aschenputtel-Schicksal der Präsidentengattin ist Stoff einer viel gespielten Rockoper von Andrew Lloyd Webber und Tim Rice («Evita», 1978), die 1996 mit Madonna in der Hauptrolle verfilmt wurde.

Edith Piaf

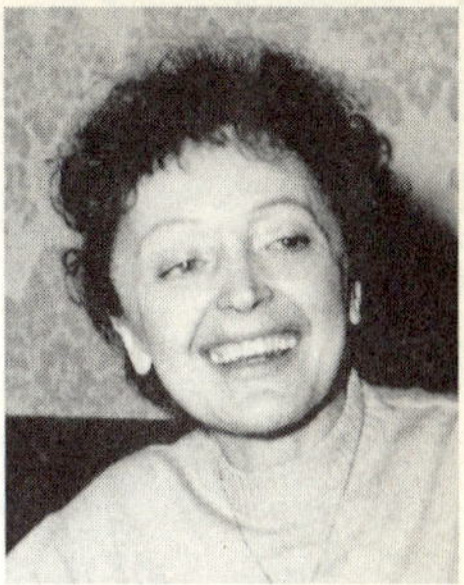

Geb. 19. 12. 1915 in Paris
Gest. 11. 10. 1963 in Plascassier

Edith Giovanna Gassion kam als Kind der Kaffeehaussängerin Anita Maillard und des Zirkusakrobaten Louis Gassion zur Welt. Die Mutter verließ die Kleine, daher lebte Edith bei einer Großmutter, die Köchin eines Bordells in Bernay (Normandie) war. Mit sieben Jahren begleitete sie den Vater bei seinen Auftritten, mit zehn Jahren war sie selbst Straßenmusikantin. Die 15-Jährige wurde von Louis Leplée entdeckt und unter dem Künstlernamen Piaf (Spatz) für sein Kabarett engagiert. Das Publikum staunte hingerissen, wie sich die nur 1,47 m große Person die Seele aus dem Leib sang. Ein Gelegenheitsarbeiter wurde der Vater ihres einzigen Kindes Marcelle, das mit zwei Jahren an Hirnhautentzündung starb. Seit 1935 nahm die Piaf auch Schallplatten auf – der Beginn einer Karriere, die Klassiker des Chansons wie «Milord», «Non, je ne regrette rien» oder «La vie en rose» hervorbrachte. In zahlreichen Filmen spielte sie mit, förderte aber auch den männlichen Musikernachwuchs in Frankreich. Stars wie Yves Montand, Georges Moustaki, Charles Aznavour, Gilbert Bécaud, ihre große Liebe, und Eddie Constantine verdankten der Piaf viel. Ihr privates Glück war nicht von Dauer. Der Boxer Marcel Cerdan, ihre große Liebe, kam 1949 bei einem Flugzeugunglück ums Leben. Von 1952 bis 1956 war sie mit dem Sänger Jacques Pills verheiratet. Ihr zweiter Mann wurde 1962 der 20 Jahre jüngere griechische Friseur und Sänger Théophanis Lamboukas. Das Halbweltmilieu ihrer Jugend, Gewalt und Alkoholismus ihrer Ursprungsfamilie hatten die Sängerin so geprägt, dass sie zeitlebens nicht mehr davon loskam. Sie hatte Alkoholprobleme, war drogen- und morphiumsüchtig. Mit nur 47 Jahren erlag sie den Folgen ihrer Süchte und wurde auf dem Friedhof Père-Lachaise in Paris beigesetzt.

Pocahontas

Geb. um 1595 in Virginia (USA)
Gest. 21. 3. 1617 in Gravesend (England)

Spätestens seit dem Disney-Zeichentrickfilm (1995), dessen Inhalt nicht viel mit der geschichtlichen Realität gemein hat, ist Pocahontas in der ganzen Welt bekannt. Sie fungierte als Vermittlerin zwischen den Algonkin-Indianern und den englischen Einwanderern in Virginia, aber nach ihrem Tod zerbrach der Friede schnell. Eigentlich hieß das Mädchen Matoaka, doch man rief sie mit ihrem Spitznamen Pocahontas (= Unruhestifterin). Ihr Vater war Häuptling Powhatan, der mehr als 30 Stämme mit ca. 15000 Menschen unter seine Herrschaft gebracht hatte, die namentlich unbekannte Mutter war eine seiner zahlreichen Konkubinen. Die 12-jährige Pocahontas rettete John Smith, dem Vorratswart der eben gegründeten Siedlung Jamestown, das Leben, als er um 1607/08 von ihrem Stamm gefangen genommen wurde. An der Kultur der Engländer interessiert, wurde sie vom Vater als «Verbindung» zu den Einwanderern eingesetzt. 1610 heiratete sie den Indianer Kocoum, der möglicherweise drei Jahre später schon verstorben oder von ihr geschieden war. 1613 leitete Pocahontas eine Handelsdelegation ihres Stammes, wurde auf ein englisches Schiff gelockt und als Geisel entführt. Sie wurde zum Christentum bekehrt und ließ sich «Rebecca» taufen. 1614 schloss sie die erste indianisch-englische Mischehe: Sie hatte sich in den zehn Jahre älteren verwitweten Tabakpflanzer John Rolfe verliebt. 1615 kam Sohn Thomas zur Welt. Die Familie wurde als Vorzeigeobjekt auf Besuch nach England geschickt, Pocahontas als «Prinzessin» bei Hof empfangen. Dabei gab es ein Wiedersehen mit Smith, der in die Heimat zurückgekehrt war und den Pocahontas für tot gehalten hatte. Das einzig authentische Porträt entstand 1616: ein Kupferstich von Simon van de Passe. Das Immunsystem der Indianerin hatte den Krankheiten der Weißen nichts entgegenzusetzen. Auf dem Heimweg erlag sie einer Lungeninfektion und wurde 1617 in der Kirche von Gravesend beigesetzt. Nachkommen ihres Sohnes leben bis heute in den USA, während Pocahontas' Volk schon im 18. Jahrhundert fast ausgerottet war.

Jeanne Antoinette Poisson, Marquise de Pompadour

Geb. 29. 12. 1721 in Paris
Gest. 15. 4. 1764 in Versailles

Jeanne Poisson wurde als Tochter eines Heereslieferanten ins Großbürgertum hineingeboren und genoss eine ausgezeichnete Erziehung. 19-jährig wurde sie mit dem Steuerpächter Charles-Guillaume Le Normant d'Etioles verheiratet, dem sie die Kinder Charles (früh verstorben) und Alexandrine gebar. 1745 lernte sie den König kennen, der erstmals eine Bürgerliche zur offiziellen Mätresse machte und sie zur Marquise de Pompadour adelte. Sie protegierte die Enzyklopädisten und Voltaire und wurde mit ihrem treffsicheren Geschmack zur bedeutenden Kunstmäzenin. Den depressiven Ludwig XV. heiterte sie auf und wurde über die Jahre für ihn zur unentbehrlichen Ratgeberin. Das Bündnis mit Österreich kam wesentlich auf ihre Fürsprache hin zustande. Die Porzellanmanufaktur von Sèvres verdankt ihr die entscheidende Förderung und die Pariser Ecole militaire die Entstehung. Pompadour war vielseitig interessiert: Sie erlernte Kupferstechen und Gemmenschneiden, illustrierte und druckte eigenhändig bibliophile Werke, züchtete neue Pflanzen, spielte und sang auf einer Privatbühne. Das Volk kreidete ihr das Mäzenatentum als Verschwendung an und gab ihr die Schuld am Siebenjährigen Krieg. Pompadour schaffte es, nach dem Ende der Beziehung zum Herrscher mit diesem weiter befreundet zu bleiben und eine wichtige Rolle zu spielen. 1756 wurde sie Herzogin und Hofdame der Königin. Doch die geliebte Tochter starb mit zehn Jahren; mehrere Fehlgeburten und das hektische Hofleben untergruben die immer schon schwache Gesundheit der Marquise. Sie erlag mit 42 Jahren einer Lungenkrankheit.

Rubinstein, Helena

Geb. 25. 12. 1870 in Krakau
Gest. 1. 4. 1965 in New York

Die spätere Konzernchefin war die älteste von acht Töchtern eines jüdischen Ehepaars, das in Krakau einen Lebensmittelladen führte. Das in Zürich begonnene Studium der Medizin brach Rubinstein ab, um nach Australien auszuwandern. 1902 eröffnete sie in Melbourne einen Schönheitssalon, wo sie aus Polen importierte Cremes verkaufte. Zwei ihrer Schwestern führten das Geschäft weiter, als Rubinstein sich zur Weiterbildung nach Paris begab. Dort studierte sie bei dem berühmten Hautarzt Berthelot. 1907 heiratete sie den Journalisten Edward William Titus und bekam zwei Söhne: Roy Valentine (1909) und Horace Gustav (1912). In den Jahren zwischen 1908 und 1915 eröffnete Rubinstein in London, Paris und New York weitere Schönheitssalons, von Innenarchitekten ausgestattete «Kunsttempel». Die Familie ließ sich 1914 dauerhaft in den USA nieder. 1920 kam die erste von Helena Rubinstein entwickelte Kosmetikproduktserie unter ihrem eigenen Namen auf den Markt. Die Firma florierte und konnte während der Wirtschaftskrise 1929 sogar einen sensationellen Gewinn machen. Helena kehrte nach Paris zurück und begann dort, eine Kunstsammlung aufzubauen. Bekannte Maler und Schriftsteller verkehrten in ihrem Salon. Sie zeigte sich als unglaublich großzügige Kunstmäzenin, gründete ein Museum in Tel Aviv sowie eine Stiftung zur Förderung von Wissenschaftlerinnen. Rubinstein besaß schließlich Produktionsstätten in vier von fünf Erdteilen. 1937 ließ sie sich von ihrem ersten Mann scheiden, um den 27 Jahre jüngeren georgischen Prinzen Artchil Gourielli-Techkonia zu heiraten. Dieser starb 1955. Zehn Jahre später starb auch Helena, fast 95 Jahre alt. Bis kurz vor ihrem Tod hatte sie ihren Konzern noch selbst geleitet.

Niki de Saint Phalle

Geb. 29. 10. 1930 in Neuilly-sur-Seine
Gest. 22. 5. 2002 in San Diego

Niki, eigentlich Catherine Marie-Agnes, kam als zweites von fünf Kindern zur Welt. Sie verbrachte ihre Kindheit zwischen Frankreich und den USA, wurde in einer katholischen Klosterschule erzogen – und von ihrem Vater, einem adligen Börsenmakler, sexuell missbraucht. Dieses Trauma versuchte sie später mithilfe der Kunst zu bewältigen. Mit 18 heiratete Niki den Schriftsteller Harry Mathews und brachte zwei Kinder zur Welt. Nach einem Nervenzusammenbruch wurde ihr die Malerei zur Rettung. Sie verließ ihre Familie und lebte ab 1955 mit dem Schweizer Jean Tinguely zusammen, den sie später heiratete. Die beiden bildeten auch eine fruchtbare Arbeitsgemeinschaft, so kreierten sie beispielsweise 1982 den Pariser Strawinski-Brunnen am Centre Pompidou. Zunächst wurde Niki durch ihre Schießbilder bekannt, als Bildhauerin entwickelte sie ab 1964 die bunten, lebenslustigen und prallen «Nana»-Frauenfiguren, die man vor allem mit ihrem Namen assoziiert und die sie weltberühmt machten. Von 1979 bis 1998 arbeitete Niki de Saint Phalle an einem Tarotgarten in der Toskana, in dem sich bewohnbare, bunte Skulpturen befinden und der seit seiner Eröffnung zum touristischen Magneten wurde. Die Künstlerin war aktiv in der Frauenbewegung tätig und drehte auch mehrere Experimentalfilme. Privat hatte sie wenig Glück: Tinguely wandte sich anderen Frauen zu; auch die Lebensgemeinschaft mit dem 22 Jahre jüngeren Dichter Constantin Mulgrave scheiterte. Für ihr außergewöhnliches Werk zahlte die Künstlerin einen hohen Preis: Durch Arbeiten an ihren zahlreichen Polyesterfiguren wurden ihre Lungen irreparabel geschädigt. Im günstigen Klima von Kalifornien verbrachte Niki de Saint Phalle ihre letzten Jahre, bevor sie 71-jährig starb.

George Sand

Geb. 1.7. 1804 in Paris
Gest. 8.6. 1876 in Nohant

Amantine Aurore Lucile Dupin de Francueil, bekannt unter dem Pseudonym George Sand, war eine der produktivsten, meistgelesenen und bestbezahlten Schriftstellerinnen im Frankreich des 19. Jahrhunderts. In ihren etwa 180 Romanen schilderte sie das Landleben und die bäuerliche Existenz, mit zahlreichen sozialkritischen Beiträgen ging sie in Zeitschriften an die Öffentlichkeit. Sie forderte nicht nur die Gleichstellung der Frauen, sondern lebte sie auch vor – zum Entsetzen ihrer Zeitgenossen, die ihr Verhalten als skandalös empfanden. Sand trug Hosen und rauchte Zigarren. Die Zahl ihrer Liebhaber war beachtlich. Doch sie war auch mit Kollegen wie Dumas, Balzac und Flaubert sowie dem Maler Delacroix und dem Komponisten Liszt eng befreundet, die ihr Talent, ihren sprühenden Geist und Humor, ihre Güte und Großzügigkeit schätzten. Die Autorin kam als Tochter eines Offiziers zur Welt, dessen Urgroßeltern August der Starke und dessen Mätresse Aurora von Königsmarck gewesen waren. 1822 ging Sand eine Konventionsehe mit Casimir Baron Dudevant ein und bekam zwei Kinder, Maurice (1823) und Solange (1828). 1831 trennte sich das Paar, die Scheidung erfolgte 1836. Eine kurze Leidenschaft verband Sand mit Alfred de Musset; als dieser erkrankte, brannte sie mit seinem Arzt durch. 1838 verliebte sich Sand in den Komponisten Chopin und verbrachte mit ihm einen Winter auf Mallorca, der vor allem wegen der Feindseligkeit der konservativen Inselbewohner zum Albtraum geriet. 1847 verließ Sand den Geliebten, ab 1850 lebte sie mit dem Bildhauer Alexandre Manceau zusammen – bis zu dessen Tod 1865. Auf ihrem Landsitz in Nohant empfing die Schlossherrin alles, was Rang, Namen, Geist und Talent hatte. Von ihren Briefen sind heute noch etwa 15.000 erhalten. Sie starb mit nicht ganz 72 Jahren.

Sappho

Geb. zwischen 630 und 612 v. Chr. in Mytilene oder Eresos
Gest. um 560 v. Chr. in Mytilene

Sapphos Gedichte waren im griechischen Sprachraum sehr populär und galten noch im alten Rom als Muster vollendeter Dichtkunst. Bis zum 3. Jahrhundert n. Chr. prägte ihre Heimatstadt stolz Münzen mit ihrem Bildnis. Leider ging ihr Werk großenteils verloren oder wurde sogar, z. B. von byzantinischen Geistlichen, systematisch vernichtet, sodass nur noch Fragmente und wenige vollständige Gedichte, alle im äolischen Dialekt, erhalten sind. Als Kind des Skamandronymos und der Kleis kam Sappho in einer Adelsfamilie der Insel Lesbos zur Welt. Sie hatte noch drei Brüder und wurde früh verheiratet: mit einem reichen Kaufmann namens Kerkylas, der von der Insel Andros stammte. Als Sapphos Familie in politische Wirren verstrickt wurde, musste die 16-Jährige Zuflucht in Pyrrha suchen. Vermutlich starb ihr Mann während des Exils auf Sizilien. 586 (oder 591) v. Chr. kehrte die Dichterin mit ihrer Tochter Kleis nach Lesbos zurück. Dort wurde sie die Geliebte der Dichter Archilochos und Hipponax. Sie gründete einen Schülerinnenkreis, in dem sie junge Mädchen in Tanz, Gesang und Poesie unterrichtete und mit dem sie öffentlich bei Götterfesten auftrat. Sappho soll sich aus unerwiderter Liebe zu dem jungen Phaon vom Leukadischen Felsen gestürzt haben. Dies ist jedoch nur Legende: Zum einen besang die Dichterin ihr «weißes Haar», zum anderen leistete man sich in der attischen Komödie einen Scherz, als man die Berühmte mit Phaon, einer mythologischen Figur aus dem Gefolge der Aphrodite, auf der Bühne zusammenbrachte. Ihr Werk, das sich durch Klarheit der Sprache und ausdrucksstarke Schilderung von Emotionen auszeichnet, vereint Götterhymnen, Hochzeits- und Liebesgedichte. Der homoerotische Anklang darin ist unverkennbar, weshalb Sapphos Name bzw. der ihrer Heimatinsel Lesbos für die Bezeichnung gleichgeschlechtlicher Liebe unter Frauen verwendet wurde. Sappho erfand wohl auch die nach ihr benannte sapphische Strophe und gilt als bedeutendste Lyrikerin der Antike.

Bernadette Soubirous

Geb. 7. 1. 1844 in Lourdes
Gest. 16. 4. 1879 in Nevers-sur-Loire

Das französische Städtchen Lourdes hat es Bernadette Soubirous zu verdanken, dass es heute einer der bedeutendsten Marienwallfahrtsorte der Welt ist. Das unscheinbare, wenig gebildete und stets kränkliche Mädchen erlebte vom 11. 2. bis zum 16. 7. 1858 insgesamt 18 Marienvisionen. Nach vierjähriger Prüfung erkannte die katholische Kirche deren Echtheit an. Längst hatten bis dahin Verehrung und Pilgerfahrten eingesetzt, nicht zuletzt wegen unerklärlicher Heilungen Schwerkranker. Bernadette kam als erstes von sechs Kindern einer verarmten Müllerfamilie zur Welt. Hunger und Entbehrungen führten dazu, dass sie unter Asthmaanfällen zu leiden hatte, mager und zierlich blieb. Aufgrund ihrer Kränklichkeit blieb auch die Schulbildung recht lückenhaft. Am 11. 2. 1858 hatte Bernadette beim Holzsammeln an einer Grotte die Vision einer weiß gekleideten Dame, die sie im Dialekt ihrer Heimat ansprach. Erst beim 16. Treffen offenbarte die Gestalt: «Ich bin die Unbefleckte Empfängnis». Die Dame forderte den Bau einer Kirche. Sie ließ das Mädchen in der Grotte eine Quelle graben, deren Wasser als wundertätig angesehen wird. Bernadette wurde oft angefeindet, doch konnte sie niemand der bewussten Täuschung überführen. Auf Wunsch des Bischofs von Tarbes trat sie 22-jährig in das Kloster der Barmherzigen Schwestern in Nevers ein, wo sie Kranke pflegte und unter dem Namen «Marie-Bernard» ganz zurückgezogen lebte. Die Novizenmeisterin und spätere Superiorin des Konvents, die nicht an Bernadettes Visionen glaubte, setzte sie häufig Demütigungen aus. Von zahlreichen Leiden gepeinigt, starb Bernadette mit nur 35 Jahren. Papst Pius XI. sprach sie 1925 selig, 1934 heilig. Berühmt wurde Franz Werfels einfühlsamer Roman «Das Lied von Bernadette» (1941), 1943 verfilmt mit Jennifer Jones.

Germaine de Staël

Geb. 22.4. 1766 in Paris
Gest. 14.7. 1817 in Paris

Anne-Louise-Germaine Necker war das einzige Kind des Finanzministers unter Ludwig XVI. von Frankreich, Jacques Necker, und seiner Frau Suzanne Curchod. Beide stammten aus der Schweiz. Ein frühreifes, hochbegabtes Mädchen, wurde Germaine im Salon der Mutter zwischen der geistigen Elite der Aufklärung groß und begann als junge Frau zu schreiben. Man verheiratete sie 1786 mit dem schwedischen Botschafter Baron Erik Magnus von Staël-Holstein. Germaine wurde die Geliebte Talleyrands und des Grafen von Narbonne-Lara, später war sie mit dem Literaten Benjamin Constant liiert. Sie wurde Mutter von vier Kindern. Während der Revolution rettete die Baronin vielen Emigranten das Leben. Napoleon aber verbannte die ihm lästige Frau, sobald er die Macht dazu hatte. Sie residierte auf Schloss Coppet am Genfer See, das zum Treffpunkt der Opposition gegen Bonaparte wurde. Ab 1794 veröffentlichte Madame de Staël zahlreiche Werke: u. a. politische Denkschriften, die Schlüsselromane «Delphine» und «Corinne» sowie, nach einer Deutschlandreise 1803, bei der sie Goethe, Schiller und anderen Geistesgrößen begegnete, «De l'Allemagne». Von Napoleon verboten, prägte es dennoch das Deutschlandbild der Franzosen für lange Zeit. Immer wieder floh die Autorin auf langen Reisen durch Europa aus ihrem Exil. Ihr Mann starb 1802; 1810 lernte sie den jungen Offizier John Rocca kennen, den sie 1816 heiratete. Die beiden hatten auch einen Sohn, den Germaine noch mit 46 Jahren gebar. Nach Napoleons Sturz kehrte die Weltbürgerin in ihr geliebtes Paris zurück, war aber schon gesundheitlich angegriffen und erlag mit nur 51 Jahren einem Schlaganfall.

Teresa von Avila

Geb. 28.3. 1515 in Avila
Gest. 4.10. 1582 in Alba de Tormes

Die Großeltern von Spaniens größter Mystikerin waren Juden, die sich 1485 taufen ließen. Der Vater, Alfonso Sanchez de Cepeda, entstammte dem Adel. Teresas Mutter, Beatriz de Ahumada, gebar dem strengen, wortkargen Mann neun Kinder, bevor sie mit 27 Jahren starb. Teresa ging aus innerer Berufung 20-jährig ins Kloster der Karmelitinnen von Avila – gegen den Willen des Vaters. Als sie mit 38 Jahren Visionen bekam und in ekstatische Zustände geriet, stellten sich viele Nonnen gegen sie. Mit Gleichgesinnten gründete Teresa 1652 ein Reformkloster strengster Observanz – das Haus der «Unbeschuhten Karmelitinnen». Teresa reiste durch Spanien, um neue Klöster dieser Art zu gründen, geriet zwischen Banditen, erlitt Schiffbruch, wurde mehrfach inhaftiert und von der Inquisition verhört. Daneben fand die tapfere Nonne noch Zeit, in formvollendetem Spanisch die Geschichte ihrer Klostergründungen, Gedichte, rege Korrespondenz, Berichte über ihre mystischen Erlebnisse, eine Autobiografie und vieles mehr zu verfassen. Zu ihren Freunden zählte auch der hl. Johannes vom Kreuz, der den männlichen Zweig der Ordensgemeinschaft reformierte. Mit 67 Jahren starb Teresa auf einer Visitationsreise. Der geniale Bildhauer Bernini hat sie ekstatisch dargestellt und ihr damit ein unsterbliches Denkmal geschaffen. 1614 erfolgte die Seligsprechung, drei Jahre später wurde Teresa Schutzpatronin Spaniens. Die Heiligsprechung fand 1622 statt, Papst Paul VI. erklärte sie 1970 zur Kirchenlehrerin.

Margaret Thatcher

Geb. 13. 10. 1925 in Grantham, Lincolnshire

Margaret Thatcher war die erste Frau im Amt des britischen Premierministers, zugleich Europas erster weiblicher Regierungschef. Sie erhielt den Spitznamen «Eiserne Lady» wegen ihrer unnachgiebigen Politik. So lehnte sie eine weitgehende Integration Großbritanniens in die EU entschieden ab. Ihre monetaristisch ausgerichtete Wirtschaftspolitik setzte auf Privatisierungen von Staatsbetrieben und Versorgungsunternehmen und rief den Widerstand der Gewerkschaften hervor. Margaret Thatcher, geborene Roberts, war die Tochter eines Kolonialwarenhändlers und einer Schneiderin. Ein Stipendium ermöglichte ihr in Oxford das Studium von Chemie und Jura. Von 1947 bis 1951 arbeitete sie als Chemikerin in der Industrie, 1954 erhielt sie die Zulassung als Rechtsanwältin. 1951 erfolgte die Heirat mit dem Farbenfabrikanten Denis Thatcher, dem sie 1953 die Zwillinge Carol und Mark gebar. Denis, der die politische Karriere seiner Frau stets unterstützte, verkaufte seine Firma 1975. 1959 gelang es Thatcher erstmals, als Kandidatin der Konservativen ein Unterhausmandat zu erringen. Nach dem Wahlsieg ihrer Partei 1970 wurde sie unter Edward Heath Erziehungs- und Kulturministerin (bis 1974). Von 1975 bis 1990 war sie auch Vorsitzende der Konservativen. 1979 wurde Thatcher dann Premierministerin. Große Popularität gewann sie mit ihrer Entschlossenheit, 1982 wegen der von Argentinien besetzten Falklandinseln Krieg zu führen – der siegreich endete und den Konservativen 1983 einen sensationellen Wahlerfolg bescherte. Doch der stetige Abbau von Sozialleistungen verhalf schließlich der Labour-Partei 1989 zum Sieg. Thatchers autokratischer Führungsstil ließ sie schließlich auch 1990 bei der Wiederwahl zur Parteivorsitzenden scheitern. Sie zog sich 1992 aus der Politik zurück und wurde von der Queen zur Baroness Thatcher of Kesteven geadelt.

Theodora, Kaiserin von Byzanz

Geb. um 497
Gest. 29. 6. 548 in Konstantinopel

Theodora ist eine der bekanntesten Gestalten der ausgehenden Antike. Leider ist ein Gutteil dessen, was wir von ihr wissen, von dem zeitgenössischen Geschichtsschreiber Prokopios überliefert worden, der ihr Bild in möglichst schwarzen Farben malt: rachsüchtig, grausam und «in allen Lastern erfahren». Ihre Geschichte ist die eines Aschenputtels. Sie kam als Kind eines Bärenwärters der Arena und einer Schauspielerin zur Welt. Nach dem frühen Tod des Vaters herrschte Armut, und Theodora besserte ihr Schauspielerinnengehalt durch Prostitution auf. Dem Gouverneur der Pentapolis, Hecebolus, gebar sie einen Sohn. Von einem Liebhaber in Alexandria ohne Geld zurückgelassen, sorgten Christen, die sie bekehrten, für ihre Rückkehr nach Byzanz. Die 25-Jährige traf dort Justinian, den 15 Jahre älteren Neffen des Kaisers. Für die Heirat mit ihm war eine Gesetzesänderung nötig – bis dahin durften byzantinische Adlige keine Schauspielerinnen ehelichen. Am 1. 4. 527 bestiegen die beiden den Thron des Oströmischen Reiches. Theodora trat als Mitregentin auf, setzte sich prunkvoll und mit steifer Etikette in Szene. Viele Reformen, vor allem die Verbesserung der Lage der Frauen in rechtlicher Hinsicht, waren ihrer Initiative zu verdanken. Als das Volk beim Nika-Aufstand gegen Korruption und Misswirtschaft protestierte, rettete Theodora in letzter Sekunde gemeinsam mit General Belisarius den Thron. Die 47-Jährige erlag vermutlich einem Krebsleiden. Justinian schuf ihr in der Kirche San Vitale zu Ravenna ein beeindruckendes Denkmal in Form von Mosaiken, die das Paar und seinen Hofstaat als Ideal an Schönheit, Wohltätigkeit und Macht abbilden. Die orthodoxe Kirche feiert Theodora als Heilige am 14. 11. jeden Jahres.

Theophanu

Geb. um 955 in Byzanz
Gest. 15.6.991 in Nimwegen

Die Tochter des Konstantinos Skleros und der Sophia Phokaina entstammte der damals über das Oströmische Reich regierenden Kaiserdynastie, war aber kein Kind des Herrschers selbst. Der weströmische Kaiser Otto I. plante, seinen Erben Otto mit einer Byzantinerin zu verheiraten. Zunächst zogen sich die Verhandlungen hin, schließlich aber heirateten die jungen Brautleute 972 in Ravenna. Theophanu musste sich an das kalte, «barbarische» Deutschland gewöhnen, führte aber viele Bräuche aus der griechischen Kultur ein und verschaffte sich bei Hof Respekt. Man neidete ihr die prunkvollen Kleider und den reichen Schmuck, der zu ihrer Aussteuer gehörte. Als ihr Schwiegervater starb, wurde sie schon 973 an der Seite Ottos II. deutsche Kaiserin. In rascher Folge gebar sie vier Kinder, darunter den Thronfolger Otto (980). Der Kleine war erst drei, als sein Vater 28-jährig einer Darmkrankheit erlag. Theophanu floh zur Schwiegermutter nach Pavia, während sich in Deutschland treue Vasallen für Otto III. einsetzten. Diesem ließ die Mutter eine bis dahin einzigartige Bildung zukommen. Auch der kunstsinnige Hildesheimer Bischof Bernward gehörte zu den Lehrern ihres Sohnes. Die Witwe setzte schließlich ihre Rechte durch und fungierte unangefochten als Regentin. Alle, die den Herrschaftsanspruch Ottos bedrohten, wurden ausgeschaltet. Es kam schließlich auch zum Zerwürfnis mit der Schwiegermutter Adelheid. Theophanu starb mit nur 35 Jahren, möglicherweise wurde sie vergiftet. Ihr Grab ist in der Kölner Kirche Sankt Pantaleon zu finden.

Therese von Lisieux

Geb. 2. 1. 1873 in Alencon
Gest. 30. 9. 1897 in Lisieux

Thérèse wurde als jüngste Tochter des Uhrmacher Louis Martin und seiner Frau Zélie Guerin, die eine eigene Spitzenfabrikation besaß, geboren. Neun Kinder bekam das Paar, von denen fünf Töchter überlebten. Thérèses Kindheit war von Verlust geprägt: Erst starb die Mutter an Brustkrebs, dann gingen ihre Schwestern ins Kloster zu den Karmelitinnen von Lisieux. Schließlich trat auch die 15-jährige Thérèse dort ein, mit einer Sondererlaubnis des Bischofs. Aufgrund äußerer Bedingungen verschlechterte sich ihre ohnehin zarte Gesundheit immer mehr. Doch Thérèse, die sich als einfachen und unbedeutenden Menschen sah, setzte ihr Vertrauen in den sogenannten «kleinen Weg», der Gott auch noch in den geringsten Dingen zu entdecken vermochte. Auf Anregung ihrer Oberin (einer ihrer leiblichen Schwestern) verfasste die junge Nonne ihre Autobiografie: «Histoire d'une âme» (Geschichte einer Seele) erschien im Jahr nach ihrem Tod und ist eines der bekanntesten und meistverkauften spirituellen Bücher aller Zeiten. Thérèse erkrankte an Tuberkulose und durchlebte eine schlimme Glaubenskrise. Mit nur 24 Jahren starb sie, wurde aber durch ihr postum veröffentlichtes Buch bald sehr berühmt. «Theresia vom Kinde Jesu und vom heiligsten Antlitz» wurde 1925 heilig gesprochen und 1944 zur zweiten Patronin Frankreichs ernannt (Gedenktag: 1.10.). Papst Johannes Paul II. erklärte sie 1997 zur Kirchenlehrerin.

Tse-Hi, Kaiserin von China

Geb. 29. 11. 1835 in Lu-Han (?)
Gest. 15. 11. 1908 in Peking

Als Tochter eines Mandschu-Mandarins wurde Yehe-Nara Yulan geboren und 1851 als Konkubine für Kaiser Xianfeng ausgesucht. Sie gebar dem Herrscher 1856 seinen einzigen überlebenden Sohn, Zai Chun, der bei seiner Thronbesteigung 1861 den Namen Tongzhi annahm. Die Mutter, nun ehrenvoll Tse-Hi genannt, regierte für den Minderjährigen bis 1872. Als ihr Sohn mit nur 18 Jahren starb, herrschte Tse-Hi abermals von 1875 bis 1889 für ihren unmündigen Neffen Guangxu. In Chinas konfuzianisch geprägter Gesellschaft, die Frauen gering achtete, verstand es Tse-Hi, sich durchzusetzen. Doch vieles, was man ihr an Gräueltaten nachsagte, war Propaganda ihrer Gegner. Sie musste ein von Krisen geschütteltes, zerfallendes Riesenreich in die Moderne führen – eine fast unlösbare Aufgabe. Als Neffe Guangxu in ihren Augen zu weit reichende Reformen einführte, ließ sie ihn bis zum Lebensende gefangen setzen und regierte wieder selbst von 1898 bis 1908. Der Boxeraufstand 1900 richtete sich eigentlich gegen ihre Dynastie, Tse-Hi verstand es aber, ihn geschickt umzudeuten. Zunächst Unterstützerin der Rebellen, wechselte sie nach dem Sieg der ausländischen Mächte rasch die Seiten. Die nun beschlossenen Reformen (Bauernbefreiung, Abschaffung der Folter u. a.) kamen zu spät, die Monarchie lag in den letzten Zügen. Auf dem Sterbebett bestimmte die fast 74-Jährige den 3-jährigen Pu Yi zum Kaiser, Enkel eines treuen Parteigängers.

Marie Tussaud

Geb. 1. 12. 1761 in Straßburg
Gest. 16. 4. 1850 in London

Wer nach London reist, versäumt kaum, das Wachsfigurenkabinett der Madame Tussaud zu besichtigen, von dem es inzwischen auch Ableger in Amsterdam, Hongkong, Las Vegas, Kopenhagen und New York gibt. Die Gründerin wurde als Marie Grosholtz geboren. Ihr Vater Joseph, ein Berufssoldat aus Frankfurt/Main, starb noch vor ihrer Geburt; die Mutter Anna Maria, geb. Walter, zog in die Schweiz und arbeitete für den Berner Arzt Philippe Curtius. Dieser betätigte sich auch als Wachsbildner und führte die junge Marie in diese Kunst ein. 1766 übersiedelte die Familie nach Paris, wo Marie 1780 vom Versailler Hof als Kunstlehrerin für die Schwester des Königs angestellt wurde. Als Royalistin kam sie während der Französischen Revolution nur knapp mit dem Leben davon und musste Totenmasken prominenter Guillotineopfer herstellen. 1794 erbte Marie die gesamte Werkstatt ihres Mentors und heiratete bald darauf den Ingenieur François Tussaud. Eine Tochter starb früh, zwei Söhne überlebten. 1802 trennte sich Marie von dem ewig verschuldeten Mann und übersiedelte mit Sohn Joseph nach England, wo sie während der nächsten 33 Jahre mit ihrer Wachsfigurenschau durch die Lande zog. Erst 1835, als sie sich ein Haus leisten konnte, wurde die erste feste Galerie in der Londoner Baker Street bezogen. Bis ins hohe Alter arbeitete Tussaud an der ständigen Aktualisierung der Ausstellung von Berühmtheiten. Auch die «Horrorkammer» mit Folterszenen und Verbrechervisagen wurde von ihr persönlich begründet – vielleicht nicht ungewöhnlich für eine Frau, deren väterliche Vorfahren über viele Generationen hinweg Henker gewesen waren. Die Söhne übernahmen den Betrieb, der bis 1967 im Familienbesitz blieb.

Sigrid Undset

Geb. 20. 5. 1882 in Kalundborg (Dänemark)
Gest. 10. 6. 1949 in Lillehammer (Norwegen)

Sigrid Undsets dem Neorealismus zugerechnetes Werk stellt einen wichtigen Beitrag Skandinaviens zur Weltliteratur dar und wurde 1928 mit dem Literaturnobelpreis ausgezeichnet. Die Schriftstellerin kam als älteste von drei Töchtern eines Archäologen zur Welt. Die Eltern weckten das Interesse des Kindes an Geschichte und Kultur und ließen Sigrid eine äußerst fortschrittliche Osloer Privatschule besuchen. Doch mit elf Jahren verlor sie den Vater und musste so rasch wie möglich zum Familienunterhalt beitragen. 17-jährig wurde Undset Sekretärin, bildete sich aber in ihrer Freizeit unermüdlich weiter und begann zu schreiben. 1907 erschien ihr erster Roman, seit 1909 konnte sie von der Literatur leben. Ein Stipendium ermöglichte der Autorin eine längere Reise nach Rom. Dort lernte sie den norwegischen Maler Anders Svarstad kennen und heiratete ihn 1912. Bis 1919 kamen drei Kinder zur Welt, die nach dem Scheitern der Ehe bei ihr blieben. Nun entstanden die bedeutendsten Werke Undsets: die historischen Romane «Kristin Lavranstochter» und «Olav Audunssohn», die im mittelalterlichen Norwegen spielen. Doch auch bei gegenwartsbezogenen Stoffen überzeugte die Autorin mit psychologischem Einfühlungsvermögen in ihre Figuren sowie eindrucksvollen Naturschilderungen und Landschaftsbeschreibungen. 1924 trat Sigrid Undset zum katholischen Glauben über – ein öffentlicher Skandal in ihrem protestantisch orientierten Heimatland. Ihre fruchtbare Schaffensphase war zu Ende, als die Deutschen im Zweiten Weltkrieg Norwegen besetzten. Als erklärte Gegnerin des Nationalsozialismus floh Undset in die USA, 1945 kehrte sie wieder zurück. Doch seit dieser Zeit veröffentlichte sie nichts Neues mehr. 67-jährig starb Sigrid Undset in Lillehammer, nachdem sie zwei ihrer drei Kinder überlebt hatte.

Victoria von Großbritannien

Geb. 24.5. 1819 in London (Kensington Palace)
Gest. 22.1. 1901 Osborne House, Isle of Wight

Sie gab einer Epoche den Namen: Das Viktorianische Zeitalter sah das British Empire auf der Höhe seiner Macht. Das einzige Kind des Prinzen Edward von Kent mit Victoria von Sachsen-Coburg-Gotha verlor den Vater noch vor seinem ersten Geburtstag. Als 18-Jährige wurde sie Königin. Vom Einfluss der Mutter befreit, bekam sie in ihrem Vetter Albert von Sachsen-Coburg-Gotha einen äußerst klugen Ratgeber. Ihn heiratete sie 1840 und bekam neun Kinder. Während die Ober- und Mittelschicht Großbritanniens einen ungekannten wirtschaftlichen Aufschwung erlebte, stand es schlecht um die restliche Bevölkerung. Kinderarbeit und ein 18-Stunden-Tag waren üblich, das Justizsystem teilweise ungerecht, Gesellschaftsschranken unüberbrückbar, Hunger und Elend wüteten in den Slums der Großstädte. Das alles aber interessierte die Königin nicht. Von nationalistischem Sendungsbewusstsein erfüllt, brachte Großbritannien zahlreiche Kolonien in seinen Besitz, wobei man sich um die eingeborenen Völker kaum Gedanken machte. 1876 ließ sich Victoria zur Kaiserin von Indien ausrufen. Mit zwölf Premierministern arbeitete sie zusammen, überschritt aber nie die Befugnisse der konstitutionellen Monarchin. Mit ihren Kindern betrieb sie eine geschickte Heiratspolitik, sodass man sie später die «Großmutter Europas» nannte. Prinzgemahl Albert starb 1861 überraschend an Lungenentzündung. Victoria zog sich trauernd zurück, tröstete sich aber ab 1866 mit dem schottischen Leibdiener John Brown, nach dessen Tod seit 1887 mit dem Inder Abdul Karim. Als die Herrscherin drei Jahre nach ihrem diamantenen Thronjubiläum starb, hatte sich vieles in ihrem Reich verändert.

Simone Weil

Geb. 3.2. 1909 in Paris
Gest. 24.8. 1943 in London

Durch ihren Nonkonformismus stand die Philosophin Simone Weil lebenslang allein; keine Ideologie konnte sie für sich in Anspruch nehmen. Sie kam als Tochter eines jüdischen Arztes zur Welt. Das frühreife, hochbegabte Kind war kränklich und wurde lange von Hauslehrern unterrichtet. 1928–1931 besuchte sie die Eliteuniversität «École Normale Supérieure», um nach der Promotion Lehrerin zu werden. In Le Puy wurde sie bekannt durch ihre ungewöhnlichen Lehrmethoden; sie setzte sich auch tatkräftig für die Lage der Arbeiter bzw. Arbeitslosen ein. Die streitbare Denkerin wurde schließlich strafversetzt und später entlassen. Von 1934 an erfuhr sie in einem Selbstversuch die harte Situation von Fließbandarbeitern am eigenen Leib, was ihre Gesundheit ernstlich beeinträchtigte. 1936 reiste die Pazifistin nach Spanien, erlitt aber im Bürgerkrieg einen Brandunfall. Seit 1938 wandte sie sich dem Katholizismus zu und wurde eine Art moderne Mystikerin, ließ sich jedoch nie taufen. In Essays, Artikeln und Büchern entwickelte sie eine Theologie der Arbeit: Arbeit sei als Strafe für die Erbsünde anzusehen, somit aber zur Reinigung unerlässlich. Die Krankheit ihrer Zeit sah sie in der «Entwurzelung» aller Lebensbereiche. Familie Weil floh vor den deutschen Besatzern 1941 über Algerien in die USA. Simone aber ging bald nach England, von wo aus sie sich am französischen Widerstand beteiligen wollte. Eine Lungentuberkulose sowie «wochenlanges asketisches Fasten» verhinderten dies. Erst 34 Jahre alt, starb Weil an Unterernährung und wurde in Ashford (Kent) beigesetzt. Von ihren Schriften erschien zu ihren Lebzeiten nur sehr wenig; ihre Bedeutung zeigte sich erst postum.

Virginia Woolf

Geb. 25. 1. 1882 in London
Gest. 28. 3. 1941 bei Lewes, Sussex

Adeline Virginia Stephen kam als Tochter des Gelehrten und Autors Leslie Stephen und dessen zweiter Frau Julia zur Welt und hatte insgesamt sieben Geschwister. Ihre Halbbrüder George Herbert und Gerald Duckworth missbrauchten Virginia und ihre Schwester Vanessa sexuell in Kindheit und Jugend. Eine Schule besuchte die spätere Schriftstellerin nie; sie lernte bei Hauslehrern und bei ihrem Vater. 1901 lernte sie den Schriftsteller Leonard Woolf kennen, den sie 1912 heiratete. 1905 bildete sich die Bloomsbury Group, eine Gruppe von Literaten, Kritikern, Künstlern und Wissenschaftlern, die sich wöchentlich zum Austausch traf und bedeutenden Einfluss auf das geistige Leben Großbritanniens gewann. Virginia gehörte dazu. Im selben Jahr begann sie Beiträge für Zeitungen und Zeitschriften zu verfassen. Oft von Depressionen gequält, schrieb die Autorin lebenslang dagegen an. 1915 kam ihr erster Roman heraus. 1917 gründeten die Woolfs den Verlag Hogarth Press. Eine turbulente Beziehung erlebte die Schriftstellerin 1922–1925 mit ihrer verheirateten Kollegin Vita Sackville-West. Zur Ikone der Frauenbewegung wurde Woolf in späteren Jahren vor allem durch ihren Essay «A room of one's own» (dt. Ein eigenes Zimmer) über die schlechten Bedingungen schreibender Frauen. Ihr Werk «Three Guineas» (dt. Drei Guineen) prangerte 1938 das patriarchalische System als mitschuldig an Krieg, Militarismus und Faschismus an. 1940 zerstörten deutsche Bomben das Haus der Woolfs. Ein Jahr später beging Virginia Selbstmord: Sie ertränkte sich im Fluss Ouse bei Lewes. Aus dem Nachlass wurden vor allem Briefwechsel und Tagebücher publiziert.

Anhang

Literatur

Anastasia Nikolajewna, Franziska Schanzkowska: Feuerstein-Praßer, Karin: «Ich gehe immer aufs Ganze». 10 Frauenporträts. Regensburg 2002 – Brewster, Hugh: Anastasias Album. München 1996 (Anastasia's album. London 1996) – Massie, Robert K.: Die Romanows. Das letzte Kapitel. Berlin 1995 (The Romanovs. The last chapter. New York 1995) – Klier, John/Mingay, Helen: The quest for Anastasia. London 1995 – Kurth, Peter: Anastasia. Die letzte Zarentochter. Bergisch Gladbach 1989 (Anastasia. The riddle of Anna Anderson. Boston 1983)

Hannah Arendt: Sontheimer, Kurt: Hannah Arendt. Der Weg einer großen Denkerin. München 2006 – Grunenberg, Antonia: Hannah Arendt und Martin Heidegger. Geschichte einer Liebe. München 2006 – Young-Bruehl, Elisabeth: Hannah Arendt: Leben, Werk und Zeit. Frankfurt/M. 1991 – Heuer, Wolfgang: Hannah Arendt in Selbstzeugnissen und Bilddokumenten. Reinbek b. Hamburg 1987

Jane Austen: Maletzke, Elsemarie: Jane Austen. Eine Biographie. Frankfurt/M. 1997 – Martynkewicz, Wolfgang: Jane Austen. Reinbek b. Hamburg 1995 – Jenkins, Elizabeth: Jane Austen. London 1992 – Grawe, Christian: Jane Austen. Mit einer Auswahl von Briefen, Dokumenten und nachgelassenen Werken. Stuttgart 1988

Josephine Baker: Prechtel, Adrian: Josephine Baker. München 2007 (Star-Legenden) – Wood, Ean: The Josephine Baker story. London 2002 – Baker, Jean-Claude/Chase, Chris: Josephine Baker. The hungry heart. New York 2001 – Rose, Phyllis: Josephine Baker oder wie eine Frau die Welt erobert. München 1994 (Jazz Cleopatra. Josephine Baker in her time. New York 1989) – Haney, Lynn: Naked at the feast. A biography of Josephine Baker. Chicago 1981

Simone de Beauvoir: Bair, Deirdre: Simone de Beauvoir. Eine Biographie. München 1992 – Appignanesi, Lisa: Simone de Beauvoir. Eine Frau, die die Welt veränderte. München 1989 – Zehl Romero, Christiane: Simone de Beauvoir in Selbstzeugnissen und Bilddokumenten. Reinbek b. Hamburg 1978

Anne Boleyn: Denny, Joanna: Anne Boleyn. London 2004 – Ives, Eric W.: The life and death of Anne Boleyn. «The most happy». Oxford 2004 – Starkey, David: Six wives. The queens of Henry VIII. London 2003 – Fraser, Antonia: Die sechs Frauen Heinrichs VIII. Hildesheim 1994 (The six wives of Henry VIII. London 1992) – Warnicke, Retha M.: The rise and fall of Anne Boleyn. Family politics at the court of Henry VIII. Cambridge u. a. 1989

Katharina von Bora: Zeller, Eva: Die Lutherin. Spurensuche nach Katharina von Bora. Stuttgart 1996 – Winter, Ingelore M.: Katharina von Bora. Ein Leben mit Luther. Düsseldorf 1990 – Kroker, Ernst: Katharina von Bora, Martin Luthers Frau. Leipzig 1906 (Neuausg. Berlin 1961, Zwickau 1966)

Lucrezia Borgia: Vogt-Lüerssen, Maike: Lucrezia Borgia. Das Leben einer Papsttochter in der Renaissance. Norderstedt 2005 – Bradford, Sarah: Lucrezia Borgia. Life, love and death in Renaissance Italy. New York 2004 – Bellonci, Maria: Lucrezia Borgia. London 1953, Neuaufl. 2000 (Women in history)

Anne Brontë: Schreiber, Sally: Die Geschwister Brontë. München 1998 – Waldmann, Werner: Die Schwestern Brontë. Mit Selbstzeugnissen und Bilddokumenten. Reinbek b. Hamburg 1990 – Gerin, Winifred: Anne Brontë. A biography. London 1976 – Hale, Will T.: Anne Brontë. Her life and writings. New York 1974

Charlotte Brontë: Fraser, Rebecca: Charlotte Brontë. (Neuausg.) London 2003 – Maletzke, Elsemarie: Das Leben der Brontës. (Erw. Neufassung) München 2000 – Peters, Margot: Unquiet soul. A biography of Charlotte Brontë. London 1975 – Benson, Edward F.: Charlotte Brontë. New York 1972 – Gerin, Winifred: Charlotte Brontë. The evolution of a genius. Oxford 1967

Emily Brontë: Chitham, Edward: Emily Brontë. Eine Lebensbeschreibung. Göttingen 1990 (A life of Emily Brontë. Oxford 1987) – Kavanagh, James: Emily Brontë. Oxford 1985 – Gerin, Winifred: Emily Brontë. A biography. Oxford 1979 – Spark, Muriel/Stanford, Derek: Emily Brontë. Her life and work. London 1966

Calamity Jane: Sanford, William R./Green, Carl R.: Calamity Jane. Frontier original. Springfield, NJ. 1996 – Foote, Stella A.: History of Calamity Jane. Our country's first liberated woman. New York 1995 – Sollid, Roberta Beed: Calamity Jane. A study in historical criticism. Helena 1995 – Faber, Doris: Calamity Jane. Her life and her legend. Boston 1992

Maria Callas: Wendt, Gunna: Meine Stimme verstörte die Leute – Diva assoluta Maria Callas. München 2006 – Gage, Nicholas: Griechisches Feuer. Maria Callas und Aristoteles Onassis. München 2001 (Greek fire. The story of Maria Callas and Aristotle Onassis. New York 2000) – Edwards, Anne: Maria Callas. An intimate biography. New York 2001 – Galatopoulos, Stelios: Maria Callas. Die Biographie. Frankfurt/M. 1999 (Maria Callas. Sacred monster. New York 1998) – Kesting, Jürgen: Maria Callas. Düsseldorf 1990 – Stassinopoulos, Arianna: Die Callas. München 1983 (Maria Callas. The woman behind the legend. New York 1981)

Coco Chanel: Wunderlich, Dieter: EigenSinnige Frauen. Zehn Porträts. München 2006 – Charles-Roux, Edmonde: Coco Chanel. Ihr Leben, ihre Welt und die Wahrheit hinter der Legende. Wien u. a. 1988 (L'irrégulière ou mon itinéraire Chanel. Paris 1974)

Emilie du Châtelet: Mauro, Florence: Emilie du Châtelet. Paris 2006 – Muzerelle, Danielle/Badinter, Elisabeth: Madame du Châtelet. La femme des lumières. Paris 2006 – Vaillot, René: Madame du Châtelet. Paris 2000 – Edwards, Samuel: Die göttliche Geliebte Voltaires. Das Leben der Emilie du Châtelet. Stuttgart 1971 (The divine mistress. New York 1970)

Agatha Christie: Trümpler, Charlotte (Hrsg.): Agatha Christie und der Orient – Kriminalistik und Archäologie [Ausstellung Essen]. Bern 1999 – Gripenberg, Monika: Agatha Christie. Reinbek b. Hamburg 1994 – Morgan, Janet: Agatha Christie. Das Leben einer Schriftstellerin – spannend wie einer ihrer Romane. München 1990 (Agatha Christie. A biography. London 1985) – Keating, H. R. (Hrsg.): Agatha Christie: First lady of crime. New York 1977 – Christie, Agatha: Meine gute alte Zeit. Bern u. a. 1978 (An autobiography. London 1977)

Christina von Schweden: Buckley, Veronika: Christina Königin von Schweden. Das rastlose Leben einer europäischen Exzentrikerin. Frankfurt/M. 2005 (Christina, Queen of

Sweden. London 2004) – Lekeby, Kjell: Kung Kristina – drottningen som ville byta kön. Stockholm 2000 – Kermina, Françoise: Christine de Suède. Paris 1995 – Masson, Georgina: Christina, Königin von Schweden. Tübingen 1968 (Queen Christina. London 1968)

Camille Claudel: Pinet, Hélène/Paris, Reine-Marie: Camille Claudel. Le génie est comme un miroir. Paris 2003 – Schmoll, Josef A.: Rodin und Camille Claudel. München 1994 – Holterhof, Martina: Camille Claudel. Die geniale Gehilfin. Köln 1993 – Rivière, Anne: Camille Claudel. Die Verbannte. Frankfurt/M. 1986 (L'interdite. Camille Claudel 1864–1943. Paris 1984) – Delbée, Anne: Der Kuss. Kunst und Leben der Camille Claudel. München 1985 (Une femme. Paris 1982)

Marie Curie: Radvanyi, Pierre: Die Curies. Eine Dynastie von Nobelpreisträgern. Heidelberg 2003 – Quinn, Susan: Marie Curie. Eine Biographie. Frankfurt/M. 1999 (Marie Curie. A life. London 1995) – Giroud, Françoise: Marie Curie. «Die Menschheit braucht auch Träumer». München 1999 (Une femme honorable. Paris 1997) – Ksoll, Peter/Vögtle, Fritz: Marie Curie. Mit Selbstzeugnissen und Bilddokumenten. Reinbek b. Hamburg 1988

Diana, Prinzessin von Wales: Morton, Andrew: Diana. 1961–1997. Ihre wahre Geschichte in ihren eigenen Worten. Vollst. überarb., ergänzte u. aktualis. Aufl. München 1997 (Diana. Her true story in her own words. London 1992 u. 1997) – Smith, Sally Bedell: Diana. Auf der Suche nach sich selbst. München 2000 (Diana in search of herself. New York 1999) – Levine, Tom: Die Windsors. Glanz und Tragik einer fast normalen Familie. Frankfurt/M. u. a. 2005 – Brown, Tina: Diana. Die Biographie München 2007 (The Diana chronicles. New York 2007)

Marlene Dietrich: Sudendorf, Werner: Marlene Dietrich. München 2001 – Salber, Linde: Marlene Dietrich. Reinbek b. Hamburg 2001 – Riva, Maria: Meine Mutter Marlene. München 1993 (Marlene Dietrich by her daughter. New York 1993) – Bach, Steven: Marlene Dietrich. Die Legende, das Leben. München 1993 (Marlene Dietrich. Life and legend. New York 1992) – Spoto, Donald: Marlene Dietrich. München 1992 (Blue angel. New York 1992)

Annette von Droste-Hülshoff: Beuys, Barbara: «Blamieren mag ich mich nicht». Das Leben der Annette von Droste-Hülshoff. München 1998 – Kraft, Herbert: Annette von Droste-Hülshoff. Reinbek b. Hamburg 1994 – Gödden, Walter: Die andere Annette. Annette von Droste-Hülshoff als Briefschreiberin. Paderborn u. a. 1991 – Krewerth, Rainer A. (Hrsg.): Annette von Droste-Hülshoff 1797–1848. Wie sie lebte. Wie sie war. Was sie schrieb. Münster 1990 – Maurer, Doris: Annette von Droste-Hülshoff. Ein Leben zwischen Auflehnung und Gehorsam. Biographie. Bonn 1982

Marie-Jeanne Bécu, Comtesse du Barry: Saint-Victor, Jacques de: Madame du Barry. Un nom de scandale. Paris 2002 – Gil, Christiane: La comtesse du Barry. Paris 2001 – Haslip, Joan: Madame Dubarry. Die märchenhafte Karriere der Jeanne Bécu, Mätresse am Hofe Ludwigs XV. Köln 1994 (Madame du Barry. The wages of beauty. London 1991) – Loomis, Stanley: Die Dubarry. München 1960 (Du Barry. New York 1955)

Isadora Duncan: Wood, Ean: Headlong through life. The story of Isadora Duncan. Brighton 2006 – Stern, Carola: Isadora Duncan und Sergej Jessenin. Der Dichter und die Tänzerin. Berlin 2002 – Schmidt, Jochen: Isadora Duncan. «Ich sehe Amerika tanzen». München 2000

– Niehaus, Max: Isadora Duncan. Triumph und Tragik einer legendären Tänzerin. München 1989 – Lever, Maurice: Primavera. Tanz und Leben der Isadora Duncan. München 1988

Eleonora Duse: Maurer, Doris: Eleonora Duse. Mit Selbstzeugnissen und Bilddokumenten. Reinbek b. Hamburg 1988 – Nielsen, Frederic W.: Eleonora Duse. Ein Leben für die Kunst. Das Wort-Porträt einer großen Frau. Freiburg 1984 – Resnevic-Signorelli, Olga: Eleonora Duse. Leben und Leiden der großen Schauspielerin. Berlin 1930

Elisabeth von Thüringen: Reber, Ortrud: Elisabeth von Thüringen. Landgräfin und Heilige. Eine Biographie. Regensburg 2006 – Ohler, Norbert: Elisabeth von Thüringen. Fürstin im Dienst der Niedrigsten. Göttingen 1997 – Hoppe, Günther: Elisabeth Landgräfin von Thüringen. Weimar 1996

Elisabeth von Österreich: Unterreiner, Katrin: Sisi. Mythos und Wahrheit. München 2005 – Exner, Lisbeth: Elisabeth von Österreich. Reinbek b. Hamburg 2004 – Thiele, Johannes: Elisabeth. Das Buch ihres Lebens. München 1996 – Hamann, Brigitte: Elisabeth. Kaiserin wider Willen. Wien 1981 (Erstausg.), überarb. Neuausg. München 1997

Elisabeth I. von England: Klein, Jürgen: Elisabeth I. und ihre Zeit. München 2004 – Loades, David: Elizabeth I. London 2003 – Starkey, David: Elizabeth: apprenticeship. London 2000 – Weir, Alison: Life of Elizabeth I. London 1998 – Appel, Sabine: Elisabeth I. von England. Die Biographie. Berlin u. a. 1996 – Nette, Herbert: Elisabeth I. mit Selbstzeugnissen und Bilddokumenten. Reinbek b. Hamburg 1982

Elisabeth II. von Großbritannien: Brandreth, Gyles: Philip und Elizabeth. Porträt einer Ehe. Stuttgart 2005 (Philip and Elizabeth. Portrait of a marriage. London 2004) – Gerste, Ronald D.: Die Queen. Elizabeth II. und das Haus Windsor. Regensburg 2001 – Davies, Nicholas: Queen Elizabeth II. Die Insider-Biographie. München 1998 (Elizabeth. Behind palace doors. New ed. Edinburgh 2000) – Bradford, Sarah: Elizabeth II. Ihre Majestät die Königin. Bergisch Gladbach 1996 (Elizabeth. A biography of Her Majesty The Queen. London 1996)

Eugenie, Kaiserin der Franzosen: Seward, Desmond: Eugénie. The empress and the empire. Stroud 2004 – Herre, Franz: Eugenie. Kaiserin der Franzosen. München 2002 – Kurtz, Harold: Eugenie. Die Kaiserin der Franzosen. Tübingen 1982

Ella Fitzgerald: Gourse, Leslie (Hrsg.): The Ella Fitzgerald companion. Seven decades of commentary. London u. a. 1998 – Nicholson, Stuart: Ella. Die Stimme des Jazz. München 1993 (Ella Fitzgerald. A biography of the First Lady of jazz. New York 1993) – Haskins, Jim: Ella Fitzgerald. «Sing me a swing song and let me dance». Wien 1992 – Nolden, Rainer: Ella Fitzgerald. Ihr Leben, ihre Musik, ihre Schallplatten. Gauting-Buchendorf 1986

Dian Fossey: Nienaber, Georgianne: Gorilla dreams. The legacy of Dian Fossey. Lincoln, NE 2006 – Bedoyere, Camilla de la: No one loved gorillas more. Letters from the mist. Bath 2005 – Mara, Wil: Dian Fossey. Among the gorillas. London 2004 (Great life stories) – Mowat, Farley: Das Ende der Fährte. Die Geschichte der Dian Fossey und der Berggorillas in Afrika. Zürich 1988 (Woman in the mists. The story of Dian Fossey and the mountain gorillas of Africa. Clayton 1987)

Anna Freud: Young-Bruehl, Elisabeth: Anna Freud. Eine Biographie. Teil I: Die Wiener Jahre. Wien 1995 (Anna Freud. A biography. New York 1988) – Coles, Robert: Anna Freud. The dream of psychoanalysis. Reading, Mass. 1992 – Salber, Wilhelm: Anna Freud in Selbstzeugnissen und Bilddokumenten. Reinbek b. Hamburg 1985 – Peters, Uwe Henrik: Anna Freud. A life dedicated to children. New York 1985

Indira Gandhi: Wandel, Elke (Hrsg.): Witwen und Töchter an der Macht. Politikerinnen der Dritten Welt. Reinbek b. Hamburg 1991 – Malhotra, Inder: Indira Gandhi. A personal and political biography. London 1989 – Moraes, Dom: Mrs Gandhi. London 1980

Greta Garbo: Swenson, Karen: Greta Garbo. A life apart. New York 1997 – Paris, Barry: Garbo. Die Biographie. Wien u. a. 1995 (Garbo. New York 1994) – Vickers, Hugo: Loving Garbo. Die Affären der Göttlichen. München 1995 (Loving Garbo. London 1994) – Walker, Alexander: Greta Garbo. Ein Portrait. Autorisiert von Metro-Goldwyn-Mayer. München 1981 (Garbo – a portrait. London 1980)

Steffi Graf: Schütt, Hans-Dieter: Steffi Graf, Superstar. Porträt. Berlin 2001 – Hauschild, Rolf/Falz, Hansjörg: Danke, Steffi. Die unvergesslichen Jahre der Königin des Centre Court. Berlin 1999 – Brinkbäumer, Klaus/Leyendecker, Hans/Schimmöller, Heiner: Reiche Steffi, armes Kind. Die Akte Graf. Hamburg 1996 – Heady, Sue: Steffi – allem zum Trotz. Königswinter 1996 (Steffi. Public power, private pain. London 1995) – Henkel, Doris: Steffi Graf. München 1993 (Superstars des Sports)

Hatschepsut: Desroches-Noblecourt, Christiane: Hatschepsut. Die geheimnisvolle Pharaonin. Bergisch Gladbach 2007 (La reine mystérieuse. Hatshepsout. Paris 2002) – Roehrig, Catharine H. (Hrsg.): Hatshepsut. From queen to pharaoh. [Ausstellungskatalog] New Haven u. a. 2006 – Tyldesley, Joyce A.: Hatschepsut, Der weibliche Pharao. München 1997 (Hatchepsut. The female pharaoh, New York u. a. 1996) – Schulze, Peter H.: Herrin beider Länder Hatschepsut. Frau, Gott und Pharao. Bergisch Gladbach 1976 – Ratié, Suzanne: Hatschepsut. Wiesbaden 1974 (Hatchepsout. Paris 1973)

Helena, heilige Kaiserin: Prinz, Friedrich: Das wahre Leben der Heiligen. Zwölf historische Porträts von Kaiserin Helena bis Franz von Assisi. München 2003 – Bleckmann, Bruno: Konstantin der Große. Reinbek b. Hamburg 1996 – Kytzler, Bernhard: Frauen der Antike. Kleines Lexikon antiker Frauen von Aspasia bis Zenobia. Zürich 1994 – Hafner, German: Bildlexikon antiker Personen. Düsseldorf u. a. 1993

Audrey Hepburn: Spoto, Donald: Enchantment. The life of Audrey Hepburn. London 2006 – Hepburn Ferrer, Sean: Audrey Hepburn. Melancholie und Grazie. Berlin 2004 (Audrey Hepburn. An elegant spirit. A son remembers. London 2003) – Paris, Barry: Audrey Hepburn. Die Biographie. München 1997 (Audrey Hepburn. A biography. London 1997) – Woodward, Ian: Audrey Hepburn. Fair lady of the screen. London 1993 – Higham, Charles: Audrey. Das Leben der Audrey Hepburn. Bergisch Gladbach 1993 (Audrey. The life of Audrey Hepburn. New York 1984)

Hildegard von Bingen: Sweet, Victoria: Rooted in the earth, rooted in the sky. Hildegard of Bingen and premodern medicine. New York 2006 – Riedel, Ingrid: Hildegard von Bingen.

Vollst. überarb. Neuausg. Stuttgart 2006 – Beuys, Barbara: Denn ich bin krank vor Liebe. Das Leben der Hildegard von Bingen. München 2001 – Newman, Barbara: Hildegard von Bingen, Schwester der Weisheit. Freiburg i. Br. 1997 (Sister of wisdom. Saint Hildegard's theology of the feminine. Berkeley 1998).

Isabella I. von Kastilien: Perez Samper, Maria Angeles: Isabel la Católica. Madrid 2004 – Fernandez Alvarez, Manuel: Isabel la Católica. Madrid 2003 – Leicht, Hans: Isabella von Kastilien (1451–1504). Königin am Vorabend der spanischen Weltmacht. Regensburg 1994 – Erlanger, Philippe: Isabella die Katholische. Von Glaubenseifer, Machtpolitik und Abenteurertum der ersten Königin von Spanien. Gernsbach 1990 (Isabelle la Catholique. Paris 1987)

Jeanne d'Arc: Krumeich, Gerd: Jeanne d'Arc. Die Geschichte der Jungfrau von Orléans. München 2006 – Gordon, Mary: Jeanne d'Arc. Berlin 2005 (Joan of Arc. New York 2000) – Tanz, Sabine: Jeanne d'Arc. Eine Frau entscheidet Frankreichs Schicksal. Stroud 2001 – Thomas, Heinz: Jeanne d'Arc. Jungfrau und Tochter Gottes. Berlin 2000 – Nette, Herbert: Jeanne d'Arc in Selbstzeugnissen und Bilddokumenten. Reinbek b. Hamburg 1977

Janis Joplin: Schober, Ingeborg: Janis Joplin. München 2002 – Friedman, Myra: Die Story von Janis Joplin. St. Andrä-Wördern 2002 (Buried alive. The biography of Janis Joplin. New York 1973) – Geuen, Heinz: Janis Joplin. «Hemmungslos das Leben spüren». München 2001 – Echols, Alice: Janis Joplin. Piece of my heart. Frankfurt/M. 2000 (Scars of sweet paradise. The life and times of Janis Joplin. New ed. London 2001) – Joplin, Laura: Love, Janis. Köln 1993 (Love, Janis. London 1992) – Dalton, David: Piece of my heart. A portrait of Janis Joplin. Cambridge/Mass. 1991

Josephine, Kaiserin von Frankreich: Herre, Franz: Josephine. Regensburg 2003 – Erickson, Carolly: Josephine. A life of the empress. London 1999 – Chevallier, Bernard/Pincemaille, Christophe: Kaiserin Josephine. Napoleons große Liebe. München 1991 (L'imperatrice Joséphine. Paris 1988) – Buzzi, Giancarlo: Giuseppina Bonaparte. La creola dell'imperatore. Milano 1983

Frida Kahlo: Bauer, Claudia: Frida Kahlo. Köln 2005 – Tibol, Raquel: Frida Kahlo. Ein offenes Leben. München 2005 (Frida Kahlo. Cronica, testimonios y approximaciones. Mexico City 1977) – Salber, Linde: Frida Kahlo. Reinbek b. Hamburg 1997 – Jamis, Rauda: Frida Kahlo. Malerin wider das Leben. München 1993 – Herrera, Hayden: Frida Kahlo. Ein leidenschaftliches Leben. (A biography of Frida Kahlo. New York 1983)

Katharina II. die Große: Donnert, Erich: Katharina II. die Große. Kaiserin des russischen Reiches. Regensburg 1998 – Tipton, Susan (Hrsg.): Katharina die Große. [Ausstellungskatalog] Kassel 1997 – Madariaga, Isabel de: Katharina die Große. Berlin 1993 (Catherine the Great. A short history. New Haven 1993) – Neumann-Hoditz, Reinhold: Katharina II. mit Selbstzeugnissen und Bilddokumenten. Reinbek b. Hamburg 1988 – Cronin, Vincent: Katharina die Große. Düsseldorf 1978 (Catherine, empress of all Russias. An intimate biography. London 1978)

Katharina von Medici: Wanegffelen, Thierry: Catherine de Médicis. Le pouvoir au féminin. Paris 2005 – Solnon, Jean-François: Catherine de Médicis. Paris 2003 – Knecht, Robert Jean:

Catherine de Médicis (1519–1589). Pouvoir royal – amour maternel. Paris 2003 – Orieux, Jean: Katharina von Medici oder Die schwarze Königin. Biographie. München 1989 (Catherine de Médicis ou La reine noire. Paris 1985) – Mahoney, Irene: Katharina von Medici. Königin von Frankreich – Fürstin der Renaissance. München 1977 (Madame Catherine. New York 1975)

Angelika Kauffmann: Obermeier, Siegfried: Angelika Kauffmann. «Ein Weib mit ungeheurem Talent». München 2002 – Rosenthal, Angela: Angelika Kauffmann. Bildnismalerei im 18. Jahrhundert. Berlin 1999 – Baumgärtel, Bettina: Angelika Kauffmann. [Ausstellungskatalog]. Ostfildern-Ruit : 1998 – Maierhofer, Waltraud: Angelika Kauffmann. Reinbek b. Hamburg 1997

Grace Kelly, später Grace von Monaco: Leigh, Wendy: True Grace. The life and times of an American princess. New York 2007 – Taraborelli, J. Randy: Grace Kelly und Fürst Rainier. Ein Hollywoodmärchen in Monaco. Frankfurt/M. 2004 (Once upon a time. Behind the fairy tale of Princess Grace and Prince Rainier. London 2003) – Spada, James: Grace. Das geheime Vorleben einer Fürstin. München 1987 (Grace. The secret life of a princess. New York 1987) – Ball, Gregor: Grace Kelly. Ihre Filme – ihr Leben. München 1987 – Bradford, Sarah: Gracia Patricia, Fürstin von Monaco. Bergisch Gladbach 1984 (Princess Grace. New York 1984) – Englund, Steven: Grace of Monaco. An interpretive biography. New York 1984

Jacqueline Kennedy Onassis: Agins, Donna Brown: Jacqueline Kennedy Onassis. Legendary First Lady. Berkeley Heights 2004 – Bradford, Sarah: Jackie Kennedy Onassis. Ein leidenschaftliches Leben. Frankfurt/M. 2003 (America's queen. The life of Jacqueline Kennedy Onassis. New York 2002) – Veit, Elisabeth: Jacqueline Kennedy. München 2003 – Spoto, Donald: Jackie O. Hamburg 2000 (Jacqueline Bouvier Kennedy Onassis. A life. Gordonsville 2000)

Klara von Assisi: Kreidler-Kos, Martina: Das Leben der Klara von Assisi. Sei gepriesen, weil Du mich erschaffen hast. München 2004 – Schlosser, Marianne/Grau, Engelbert: Leben und Schriften der heiligen Klara von Assisi. Kevelaer 2001 – Freyer, Johann B.: Klara von Assisi. Ein Leben nach dem Evangelium. Werl 1997 – Rotzetter, Anton: Klara von Assisi. Die erste franziskanische Frau. Freiburg i. Br. 1993

Kleopatra: Grant, Michael: Kleopatra. Eine Biographie. Bergisch Gladbach 1981 (Cleopatra. New York u. a. 1972) – Southern, Pat: Kleopatra. Ein Lebensbild. Stroud 2000 (Cleopatra. Stroud 1999) – Baumann, Uwe: Kleopatra. Reinbek b. Hamburg 2003 – Andreae, Bernard: Kleopatra und die Caesaren [Ausstellungskatalog]. München 2006 – Schäfer, Christoph: Kleopatra. Darmstadt 2006 (Gestalten der Antike)

Käthe Kollwitz: Bermuth, Lotte: Käthe Kollwitz. Aus dem Leben einer engagierten Künstlerin. Marburg 2006 – Trüper, Ursula: Leider war ich ein Mädchen. Über Käthe Kollwitz. Hamburg 2001 – Mair, Roswitha: Käthe Kollwitz – Leidenschaft eines Lebens. Biografie. Freiburg u. a. 2000 – Kleberger, Ilse: Käthe Kollwitz. Eine Biographie. Leipzig 1999 – Krahmer, Catherine: Käthe Kollwitz in Selbstzeugnissen und Bilddokumenten. Reinbek b. Hamburg 1981

Käthe Kruse: Neumann, Ina: Käthe Kruse. In: Neue Deutsche Biographie, Bd. 13, S. 150–151. Berlin 1982

Elisabeth Kübler-Ross: Schaup, Susanne: Elisabeth Kübler-Ross. Ein Leben für gutes Sterben. Stuttgart 1996 – Gill, Derek: Elisabeth Kübler-Ross. Wie sie wurde, wer sie ist. 8. Aufl. Stuttgart 1994 (Quest. The life of Elisabeth Kuebler-Ross. New York 1989)

Selma Lagerlöf: Edström, Vivi: Selma Lagerlöf, Stockholm 1991 – Schweitzer, Sibylle: Selma Lagerlöf: eine Bibliographie. Marburg 1990 – Berendsohn, Walter Arthur: Selma Lagerlöf. Heimat und Leben, Künstlerschaft, Werke, Wirkung und Wert. München 1927

Liselotte von der Pfalz: Paas, Sigrun (Hrsg.): Liselotte von der Pfalz. Madame am Hofe des Sonnenkönigs [Ausstellungskatalog]. Heidelberg 1996 – Van der Cruysse, Dirk: «Madame sein ist ein ellendes Handwerk». Liselotte von der Pfalz – eine deutsche Prinzessin am Hofe des Sonnenkönigs. München 1990 (Madame Palatine, Paris 1988) – Schott, Theodor: Elisabeth Charlotte, Herzogin von Orléans. Eine deutsche Prinzessin am französischen Hof. Heidelberg 1988 – Lebigre, Arlette. Liselotte von der Pfalz. München 1986 (La princesse palatine. Paris 1986) – Knoop, Mathilde: Liselotte von der Pfalz. Ein Lebensbild. Stuttgart 1956

Jenny Lind: Homolka, Kurt: Die großen Primadonnen. Vom Barock bis zur Gegenwart. Wilhelmshaven 1982 – Bulman, Joan C. B.: Jenny Lind. A biography. London 1956 – Holland, Henry Scott/Rockstro, William Smith: Memoir of Madame Jenny Lind-Goldschmidt. London 1891

Astrid Lindgren: Forsell, Jacob/ Erséus, Johan/Strömstedt, Margareta: Astrid Lindgren. Bilder ihres Lebens. Hamburg 2007 (Astrids bilder. Stockholm 2006) – Gottschalk, Maren: Jenseits von Bullerbü. Die Lebensgeschichte der Astrid Lindgren. Weinheim 2006 – Bialek, Manuela/Weyershausen, Karsten: Das Astrid-Lindgren-Lexikon. Alles über die beliebteste Kinderbuchautorin der Welt. Berlin 2004 – Strömstedt, Margareta: Astrid Lindgren. Ein Lebensbild. Hamburg 2001 – Berf, Paul/Surmatz, Astrid (Hrsg.): Astrid Lindgren. Zum Donnerdrummel! Ein Werk-Porträt. Frankfurt/M. 2000 – Schönfeldt, Sybil: Astrid Lindgren in Selbstzeugnissen und Bilddokumenten. Reinbek b. Hamburg 1987

Luise, Königin von Preußen: Thiele, Johannes: Luise Königin von Preußen. Das Buch ihres Lebens. München 2003 – Bruyn, Günter de: Preußens Luise. Vom Entstehen und Vergehen einer Legende. Berlin 2001 – Gersdorff, Dagmar von: Königin Luise und Friedrich Wilhelm III. Eine Liebe in Preußen. Berlin 1996 – Ohff, Heinz: Ein Stern in Wetterwolken. Königin Luise von Preußen. Eine Biographie. München 1989 – Taack, Merete van: Königin Luise. Die unbesiegbare Liebe. Tübingen 1978

Rosa Luxemburg: Laschitza, Annelies: Rosa Luxemburg. Im Lebensrausch, trotz alledem. Eine Biographie. Berlin 1996 – Hirsch, Helmut: Rosa Luxemburg. Mit Selbstzeugnissen und Bilddokumenten. Reinbek b. Hamburg 1969 – Nettl, John Peter: Rosa Luxemburg. Frankfurt/M. u. a. 1968 (New York 1966)

Madonna: Clerk, Carol: Madonnastyle. Life, look and fashion. Berlin 2002 (London 2001) – Victor, Barbara M.: Madonna. Die letzte Göttin. Bergisch Gladbach 2002 (Goddess. Inside Madonna. New ed. New York 2002) – Morton, Andrew: Madonna. Frankfurt/M. 2001 (London 2001) – Taraborelli, J. Randy: Madonna. Die Biographie. Hamburg 2001 (Madonna. An intimate biography. London 2001)

Maria Stuart: Guy, John: My heart is my own. The life of Mary Queen of Scots. London 2004 – Wormald, Jenny: Maria Stuart. Würzburg 1992 (Mary, Queen of Scots. A study in failure. London 1991) – Duchein, Michel: Maria Stuart. Zürich u.a. 1988 (Marie Stuart. La femme et le mythe. Paris 1987) – Fraser, Antonia: Maria, Königin der Schotten. Hamburg u.a. 1971 (Mary Queen of Scots. London 1969)

Maria Theresia: Dillmann, Edwin: Maria Theresia. München 2000 – Rieder, Heinz: Maria Theresia. Schicksalsstunde Habsburgs. Gernsbach 1996 – Herre, Franz: Maria Theresia. Die große Habsburgerin. Köln 1994 – Berglar, Peter: Maria Theresia in Selbstzeugnissen und Bilddokumenten. Reinbek b. Hamburg 1980 – Mraz, Gerda u. Gottfried: Maria Theresia. Ihr Leben und ihre Zeit in Bildern und Dokumenten. München 1979

Marie Antoinette: Fraser, Antonia: Marie Antoinette. Stark gek. dt. Ausg. München 2006 (Marie Antoinette. The journey. London 2001) – Herre, Franz: Marie Antoinette. Vom Königsthron zum Schafott. Stuttgart u.a. 2004 – Erickson, Carolly: Marie Antoinette. Königin von Frankreich, Bürgerin auf dem Schafott. München 2000 (To the scaffold. The life of Marie Antoinette. New York 1991) – Lever, Evelyne: Marie Antoinette. Eine Biographie. Solothurn u.a. 1992 (Marie-Antoinette. Paris 1991)

Mata Hari: Schirmann, Léon: Mata Hari – Autopsie d'une machination. Paris 2001 – Kupfermann, Fred: Mata Hari. Träume und Lügen. Berlin 1999 – Keay, Julia: Mata Hari. Tänzerin, Femme fatale, Spionin. München 1989 (The spy who never was. The life and loves of Mata Hari. New York 1987) – Waagenaar, Sam: Mata Hari. Vollst. überarb. u. erw. Fassung. Bergisch Gladbach 1983

Golda Meir: Amdur, Richard: Golda Meir. A leader in peace and war. New York 1990 – Meir, Golda: Mein Leben. Autobiographie. Frankfurt/M. u.a. 1983

Lise Meitner: Sexl, Lore/Hardy, Anne: Lise Meitner. Reinbek b. Hamburg 2002 – Lewin Sime, Ruth: Lise Meitner. Ein Leben für die Physik. Frankfurt/M. 2001 (Lise Meitner. A life in physics. Berkeley 1996) – Rife, Patricia: Lise Meitner and the dawn of the nuclear age. Berlin 1999 – Kerner, Charlotte: Lise, Atomphysikerin. Weinheim 1998

Maria Sibylla Merian: Kühn, Dieter: Frau Merian! Eine Lebensgeschichte. Frankfurt/M. 2002 – Kaiser, Helmut: Maria Sibylla Merian. Eine Biografie. Düsseldorf 2001 – Kerner, Charlotte: Seidenraupe, Dschungelblüte. Die Lebensgeschichte der Maria Sibylla Merian. Weinheim 1998

Paula Modersohn-Becker: Beuys, Barbara: Paula Modersohn-Becker oder: Wenn die Kunst das Leben ist. München 2007 – Bohlmann-Modersohn, Marina: Paula Modersohn-Becker. Eine Biographie mit Briefen. Berlin 1997 – Murken-Altrogge, Christa: Paula Modersohn-Becker. Köln 1991 – Reinken, Lieselotte von: Paula Modersohn-Becker in Selbstzeugnissen und Bilddokumenten. Reinbek b. Hamburg 1983

Marilyn Monroe: Geiger, Ruth-Esther: Marilyn Monroe. Reinbek b. Hamburg 2006 – Smith, Matthew: Warum musste Marilyn Monroe sterben? Frankfurt/M. 2003 (Victim. The secret tapes of Marilyn Monroe. Poway, CA 2003) – Victor, Adam: Marilyn Monroe Enzyklopädie.

Köln 2000 (The Marilyn encyclopedia. New York 1999) – Leaming, Barbara: Marilyn Monroe. Die Biographie jenseits des Mythos. Köln 1998 (Marilyn Monroe. London 1998) – Spoto, Donald: Marylin Monroe. Die Biographie. München 1994 (Marilyn Monroe. The biography. London 1993) – Summers, Anthony: Marilyn Monroe. Die Wahrheit über ihr Leben und Sterben. Düsseldorf 1986 (Goddess. The secret lives of Marilyn Monroe. London 1985)

Lola Montez: Seymour, Bruce: Lola Montez. Eine Biographie. Düsseldorf u.a. 1998 (Lola Montez. A life. New Haven u.a. 1996) – Weidner, Thomas: Lola Montez oder eine Revolution in München. Eurasburg 1998 – Rauh, Reinhold: Lola Montez. Die königliche Mätresse. München 1996

Mutter Teresa: Sammer, Marianne: Mutter Teresa. Leben, Werk, Spiritualität. München 2006 – Chatterjee, Aroup: Mother Teresa. The final verdict. Kalkutta 2003 – Mundakel, Thomas T.: Der Engel der Armen. Mutter Teresa – die Biographie. München 2003 – Spink, Kathryn: Mutter Teresa. Bergisch Gladbach 1997 (Mother Teresa. An authorized biography. Grand Rapids 1997) – Hitchens, Christopher: The missionary position. Mother Teresa in theory and practice. London 1995

Asta Nielsen: Engberg, Marguerite: Asta Nielsen – Europe's first film star. Berkeley 1996 (dän. Ausg.: Filmstjernen Asta Nielsen. Kobnhaven 1999) – Hagedorff, Allan/Seydel, Renate: Asta Nielsen. Eine Bildbiographie. Berlin 1981 – Nielsen, Asta: Die schweigende Muse. Berlin 1979, München 1977, Rostock 1961 (Den tiende muse. 2 Bde. Kobnhaven 1945/46)

Florence Nightingale: Vasold, Manfred: Florence Nightingale. Eine Frau im Kampf um die Menschlichkeit. Regensburg 2003 – Genschorek, Wolfgang: Schwester Florence Nightingale. Triumph der Menschlichkeit. Leipzig 1990

Nofretete: Wedel, Carola: Nofretete und das Geheimnis von Amarna. Mainz 2005 – El-Mahdy, Christine: Tutenchamun. Leben und Sterben des jungen Pharao. München 2000 (Tutankhamen. The life and death of the boy king. London 1999) – Tyldesley, Joyce: Ägyptens Sonnenkönigin. München 1999 (Nefertiti. Egypt's sun queen. New York 1998)

Yoko Ono: Clayson, Alan/Jungr, Barb/Johnson, Robb: Woman. The incredible life of Yoko Ono. New Malden 2004 – Hübner, Klaus: Leben auf dünnem Eis – Yoko Ono. München 2002 – Woodall, James: John Lennon und Yoko Ono. Zwei Rebellen – eine Poplegende. Berlin 1997 – Hopkins, Jerry: Yoko Ono. London 1987

Emmeline Pankhurst: Bartley, Paula: Emmeline Pankhurst. London 2002 – Purvis, June: Emmeline Pankhurst. A biography. London 2002 (Women's & gender history)

Anna Matwejewna Pawlowa: Hubatius-Himmelstjerna, Ingeborg von: Anna Pawlowa. Esslingen 1962 – Schmidt-Aleman, Heinz P.: Anna Pawlowa. Berlin 1951

Evita Perón: Dujovne Ortiz, Alicia: Evita Perón. Die Biographie. Berlin 1997 (Eva Perón. La biografía. Buenos Aires 1995) – Garcia, Fernando Diego u.a.: Evita. Bilder ihres Lebens. Berlin 1997 (Evita. Imágenes de una pasión. Buenos Aires 1997) – Barnes, John: Evita Perón. Mythos und Macht. München 1984 (Evita – First Lady. A biography of Eva Perón. New York 1979)

Edith Piaf: Henke, Matthias: Edith Piaf. «Süchtig nach der Sehnsucht». München 1998 – Bonel, Marc/Bonel, Danielle: Edith Piaf. Le temps d'une vie. Paris 1993 – Crosland, Margaret: Piaf. München u. a. 1986 (New York u. London 1985) – Lange, Monique: Edith Piaf. Die Geschichte der Piaf. Ihr Leben in Texten und Bildern. Frankfurt/M. 1985 – Monserrat, Joelle: Edith Piaf. «Non, je ne regrette rien». Altstätten 1985 (Edith Piaf et la chanson. Paris 1983)

Pocahontas: Weiprecht, Brigitte: Pocahontas und andere Töchter Manitous. Göttingen 1997 – Lampe, Peter: Pocahontas. Die Indianer-Prinzessin am Englischen Hof. München 1995 – Woodward, Grace Steele: Pocahontas. Eine indianische Prinzessin aus Virginia. Berlin u. a. 1995 (Pocahontas. Oklahoma 1969)

Jeanne Antoinette Poisson, Marquise de Pompadour: Lever, Evelyne: Madame de Pompadour. Eine Biographie. München 2006 (Madame de Pompadour. Paris 2000) – Schultz, Uwe: Madame de Pompadour oder die Liebe an der Macht. München 2004 – Salmon, Xavier (Hrsg.): Madame de Pompadour und die Künste [Ausstellungskatalog]. München 2002 – Algrant, Christine Pevitt: Madame de Pompadour. Mistress of France. New York 2002 – Pleschinski, Hans (Hrsg.): Madame de Pompadour. Briefe. München u. a. 1999

Rubinstein, Helena: Köster, Magdalena: «Brillante Bilanzen». Fünf Unternehmerinnen und ihre Lebensgeschichte. Weinheim 2005 – Probst, Ernst: Superfrauen 13 – Mode und Kosmetik. Mainz 2002 – Burchard, Doris: Der Kampf um die Schönheit. Helena Rubinstein, Elizabeth Arden, Estée Lauder. Hamburg 1999 – Wunderle, Michaela: Apropos Helena Rubinstein. Frankfurt/M. 1995

Niki de Saint Phalle: Schröder, Stefanie: Ein starkes, verwundetes Herz – Niki de Saint Phalle. Ein Künstlerleben. Freiburg u. a. 2000 – Becker, Monika: Niki de Saint Phalle. Starke Weiblichkeit entfesseln. München 1999 – Reinhardt, Brigitte (Hrsg.): Niki de Saint Phalle. Liebe, Protest, Phantasie. [Ausstellungskatalog] Ulm u. a. 1999

George Sand: Strohmeyr, Armin: George Sand. Eine Biographie. «Glauben Sie nicht zu sehr an mein satanisches Wesen». Leipzig 2004 – Pulver, Corinne: George Sand. Genie der Weiblichkeit. München 2003 – Chalon, Jean: George Sand. Ein Leben in Leidenschaft. Frankfurt/M. 2002 (Chère George Sand. Paris 1994) – Wiggershaus, Renate: George Sand. Mit Selbstzeugnissen und Bilddokumenten. Reinbek b. Hamburg 1982)

Sappho: DuBois, Page: Sappho is burning. Chicago 1995 – Giebel, Marion: Sappho. Mit Selbstzeugnissen und Bilddokumenten. Reinbek b. Hamburg 1987 – Wilamowitz-Moellendorff, Ulrich von: Sappho und Simonides. Untersuchungen über griechische Lyriker. 3. Aufl. Zürich 1985 – Weigall, Arthur: Sappho of Lesbos. Her life and times. Oxford 1948

Bernadette Soubirous: Dondelinger, Patrick: Die Visionen der Bernadette Soubirous und der Beginn der Wunderheilungen in Lourdes. Regensburg 2003 – Bernauer, Ursula: Die schöne Dame von Lourdes. Freiburg i. Br. 1995 – Suffran, Michel: Lourdes ou les témoins sont aveugles. Paris 1976 – Auclair, Marcelle: Bernadette. Das Mädchen von Lourdes. Freiburg i. Br. 1975

Germaine de Staël: Appel, Sabine: Madame de Staël. Biographie einer großen Europäerin. Düsseldorf 2006 – Fairweather, Maria: Madame de Staël. New York 2005 – Diesbach, Ghislain de: Madame de Staël. Paris 1983 – Pulver, Corinne: Madame de Staël. Biographie. München 1980 – Herold, Christopher: Madame de Staël. Herrin eines Jahrhunderts. München 1960 (Mistress to an age. A life of Madame de Staël. Indianapolis u. a. 1958)

Teresa von Avila: Münzebrock, Elisabeth: Teresa von Avila. Freiburg i. Br. 2004 (Meister der Spiritualität) – Lorenz, Erika: Weg in die Weite. Die drei Leben der Teresa von Avila. Freiburg i. Br. 2003 – Herbstrith, Waltraud: Teresa von Avila. Lebensweg und Botschaft. 3. Aufl. München 1993

Margaret Thatcher: Beckett, Francis: Margaret Thatcher. London 2006 – Campbell, John: Margaret Thatcher. Bd. 1: The grocer's daughter. London 2000. Bd. 2: Iron lady. London 2003 – Hill, Roland: Margaret Thatcher. Aufstieg einer englischen Politikerin. Freiburg i. Br. 1988 – Wapshott, Nicholas/Brock, George: Margaret Thatcher. Eine Frau regiert in Downing Street. Stuttgart 1984 (Thatcher. London 1983)

Theodora, Kaiserin von Byzanz: Cesaretti, Paolo: Theodora. Herrscherin von Byzanz. Düsseldorf 2004 (Teodora. Ascesa di un'imperatrice. Milano 2001) – Evans, James Allan: The empress Theodora. Partner of Justinian. Austin 2002 – Beck, Hans-Georg: Kaiserin Theodora und Prokop. Der Historiker und sein Opfer. München 1986 – Browning, Robert: Justinian und Theodora. Glanz und Größe des byzantinischen Kaiserpaares. Bergisch Gladbach 1981 (Justinian and Theodora. New York 1971) – Bridge, Antony: Theodora. Aufstieg und Herrschaft einer byzantinischen Kaiserin. München 1980 (Theodora. Portrait in a Byzantine landscape. London 1978)

Theophanu: Eickhoff, Ekkehard: Theophanu und der König. Otto III. und seine Welt. Stuttgart 1996 – Euw, Anton von (Hrsg.): Kaiserin Theophanu. Begegnung des Ostens und des Westens um die Wende des ersten Jahrtausends. 2 Bde. Köln 1991 – Fußbroich, Helmut: Theophanu. Die Griechin auf dem deutschen Kaiserthron 972–991. Köln 1991 – Wolf, Gunther (Hrsg.): Kaiserin Theophanu. Prinzessin aus der Fremde. Des Westreichs große Kaiserin. Köln 1991

Therese von Lisieux: Görres, Ida Friederike: Therese von Lisieux. Ein Lebensbild. Neuausg. Freiburg i. Br. 1998 – Feldmann, Christian: Therese von Lisieux. Die schwarze Nacht des Glaubens. Freiburg i. Br. 1997 – Herbstrith, Waltraud: Therese von Lisieux. Geschichte eines angefochtenen Lebens. München 1994 – Zander, Hans Conrad: Gottes unbequeme Freunde. Heilige für unsere Zeit. Hamburg 1982

Tse-Hi, Kaiserin von China: Laidler, Keith: The last empress. The she-dragon of China. Indianapolis 2003 – Seagrave, Sterling: Die Konkubine auf dem Drachenthron. Leben und Legende der letzten Kaiserin von China, 1835–1908. München 1993 (The dragon lady. Life and legend of the last empress of China. London 1992) – Warner, Marina: Die Kaiserin auf dem Drachenthron. Freiburg 1982 (The dragon empress. Life and times of Tzu-hsi, empress dowager of China, 1835–1908. New ed. Upper Saddle River 1986)

Marie Tussaud: Berridge, Kate: Waxing mythical. The life and legend of Madame Tussaud. London 2006 – Ransom, Teresa: Madame Tussaud. A life and a time. Stroud 2003 – Pilbeam, Pamela M.: Madame Tussaud and the history of waxworks. London 2003 – Leslie, Anita/Chapman, Pauline: Madame Tussaud. Waxworker extraordinary. London 1978 – Wittkop-Ménardeau, Gabrielle: Madame Tussaud. Das seltsame Leben der Herrscherin im Reich der Wachsfiguren. Düsseldorf u. a. 1973

Sigrid Undset: Düren, Sabine: Die Frau im Spannungsfeld von Emanzipation und Glaube. Regensburg 1998 (Theorie und Forschung ; 535) – Wilhelm, Gertraude (Hrsg.): Die Literaturpreisträger. Ein Panorama der Weltliteratur im 20. Jahrhundert. Düsseldorf 1983

Victoria von Großbritannien: Erickson, Carolly: Königin Victoria. Eine Biographie. München u. a. 2001 (Her little majesty. The life of Queen Victoria. London 1997) – Lotz, Jürgen: Victoria. Reinbek b. Hamburg 2000 – Weintraub, Stanley: Queen Victoria. Eine Biographie. Zürich u. a. 1994 (Victoria. Biography of a queen. London u. a. 1987) – Wocker, Karl Heinz: Königin Victoria. Die Geschichte eines Zeitalters. Düsseldorf 1978

Simone Weil: Petrement, Simone: Das Leben der Simone Weil. Leipzig 2004 (La vie de Simone Weil. Paris 1997) – Gray, Francine du Plessix: Simone Weil. New York 2001 – McLellan, David: Utopian pessimist. The life and thought of Simone Weil. New York 1990 – Krogmann, Angelica: Simone Weil. Mit Selbstzeugnissen und Bilddokumenten. Reinbek b. Hamburg 1970

Virginia Wolf: Waldmann, Werner: Virginia Woolf. Mit Selbstzeugnissen und Bilddokumenten. Reinbek b. Hamburg 2003 – Spater, George/Parsons, Ian: Porträt einer ungewöhnlichen Ehe. Virginia und Leonard Woolf. Überarb. Neuausg. Frankfurt/M. 2002 (A marriage of true minds. An intimate portrait of Leonard and Virginia Woolf. London 1977) – Nicolson, Nigel: Virginia Woolf. München 2001 (New York 2000) – Lee, Hermione: Virginia Woolf. Frankfurt/M. 1999 (New York 1997) – Bell, Quentin: Virginia Woolf. Eine Biographie. Frankfurt/M. 1982 (Virginia Woolf. A biography. London 1982)

Frauen und Gesellschaft bei C. H. Beck

Ute Gerhard/Trudi Knijn/Anja Weckwert
Erwerbstätige Mütter
Ein europäischer Vergleich
2003. 253 Seiten. Paperback
Beck'sche Reihe Band 1514

Ulla Fölsing
Nobel-Frauen
Naturwissenschaftlerinnen im Porträt
4., erweiterte Auflage. 2001.
230 Seiten mit 14 Abbildungen. Paperback
Beck'sche Reihe Band 426

Gisela Bock
Frauen in der europäischen Geschichte
Vom Mittelalter bis zur Gegenwart
2000. 393 Seiten. Leinen
Europa bauen

Julia Onken/Maya Onken
Hilfe, ich bin eine emanzipierte Mutter
Ein Streitgespräch zwischen Mutter und Tochter
2006. 236 Seiten. Paperback
Beck'sche Reihe Band 1710

Cathrin Kahlweit
Jahrhundertfrauen
Ikonen – Idole – Mythen
2. Auflage. 2001. 331 Seiten. Paperback
Beck'sche Reihe Band 1301

Verlag C. H. Beck